R

35926

DESTINATION
DE L'HOMME.

Depuis plusieurs années le nom de Fichte a souvent été prononcé en France.

Aucun des nombreux ouvrages de ce philosophe n'a pourtant été traduit dans notre langue. Nous ne possédons pas non plus une seule exposition complète des doctrines qui l'ont rendu célèbre.

Ce sont, dans nos études philosophiques, d'importantes lacunes qui demandent à être comblées.

Il ne serait pas impossible que moi-même je me présentasse un jour pour remplir selon mes forces la partie la plus importante de cette tâche. Le mouvement philosophique de l'Allemagne, depuis Leibnitz jusqu'à nos jours, m'a long-temps préoccupé. Peut-être me hasarderais-je donc à présenter au public quelques essais sur ce sujet important. Dans ce cas j'aurai à parler de l'origine, de l'ensemble, des détails, des conséquences de la philosophie de Fichte; j'aurai à raconter en outre la prodigieuse force de tête, la puissance d'abstraction presque merveilleuse que cette philosophie fait éclater dans son inventeur. Mais la tâche que je me propose aujourd'hui, mieux en rapport avec mes forces, est plus simple et plus modeste. Au lieu d'être le juge ou l'historien de Fichte, je n'en suis que l'interprète. C'est à lui-même que je veux remettre le soin de plaider sa propre cause à notre tribune philosophique.

Avant de lui abandonner la parole, je crois devoir seulement dire en peu de mots les motifs qui m'ont déterminé à faire choix de la *Destination de l'homme*, de préférence à ses autres ouvrages, pour en offrir la traduction au public. Il me semble en outre qu'il n'est pas inutile de présenter d'abord au lecteur une courte analyse du livre lui-même. On saisit mieux et plus facilement dans ses détails un plan dont on a pu embrasser d'avance tout l'ensemble d'un seul coup d'œil.

Un homme, un philosophe, se prend tout à coup d'une vive curiosité sur sa nature intime, sur sa destinée terrestre.

Il se voit un être faible, isolé, une chétive et misérable créature perdue dans l'immensité de la création. Il s'apparaît un infiniment petit dans un tout sans limites. Mais cependant, comme il a conscience de lui-même comme d'une partie intégrante de ce tout, il conclut que le principe invisible qui a constitué ce tout est aussi le principe par lequel lui-même a été constitué ; que la loi qui régit ce tout est aussi celle qui régit sa propre destinée. La feuille desséchée que le vent d'automne balance un moment dans les airs n'obéit-elle pas dans sa chute à la gravitation universelle, tout aussi bien que les mondes qui roulent dans l'immensité? Notre philosophe pense donc que le mot de l'énigme qu'il s'est proposée ne saurait être autre que le mot de la grande énigme de l'univers ; qu'en conséquence, ce mot redoutable, c'est seulement dans la contemplation de la multitude infinie des choses et des phénomènes de l'univers qu'il peut espérer de le lire. Mais à ce spectacle son œil et sa pensée ne tardent pas à se troubler. Les choses lui apparaissent tantôt identiques et tantôt diverses. Les phénomènes lui semblent tantôt se produire au hasard et tantôt s'enchaîner dans un ordre nécessaire et rigoureux. Il ne sait s'il doit voir en tout cela la manifestation d'une inflexible nécessité ou bien celle d'une liberté indéfinie. Il ne sait s'il doit se croire lui-même le jouet d'un hasard capricieux, ou bien un esclave, un instrument passif aux mains d'une inexorable, d'une implacable fatalité. Entre ces deux opinions dont aucune ne peut le fixer, il hésite, il chancelle en proie aux douloureuses angoisses du doute.

Alors il se résout tout à coup, comme par inspiration, à quitter la voie qu'il vient de parcourir sans succès. Désormais ce ne sera plus dans le monde extérieur, ce sera en lui-même, dans sa propre conscience qu'il s'efforcera de saisir la science. Dès lors aussi il marchera hardiment à son but. Aucune crainte de s'égarer en route ne pourra le troubler; car au point de vue matérialiste qui est le sien, l'analyse de la sensation, le *nosce te ipsum* est la source de toute science, de toute certitude.

Qu'est-ce donc que la sensation? — C'est la question qu'il se pose de mille façons, mais à laquelle il n'obtient que cette réponse, toujours la même : — La sensation est une modification de l'être sentant.

Mais s'il en est ainsi, l'être sentant n'a donc qu'une seule chose à apprendre de la sensation; c'est qu'il a été modifié de telle ou telle façon; il ne saurait trouver dans la sensation le droit de rien conclure au-delà; il n'en est nullement autorisé à conclure, par exemple, qu'une chose existe hors de lui par laquelle il a été modifié. S'il le fait, c'est seulement au nom d'un certain principe de causalité, en vertu duquel il se croit fondé à affirmer que rien n'existe qui n'ait été créé; qu'aucun effet n'est possible, si cet effet n'a une cause. Mais comme ce principe ne se trouve pas dans la sensation, c'est-à-dire dans l'impression faite par le monde extérieur sur l'être sentant, il en résulte que ce principe n'a pas été d'abord dans le monde extérieur avant d'être dans l'intelligence. Ce principe, au contraire, comme le moindre examen suffit pour nous en convaincre, existe dans les profondeurs mêmes de l'intelligence. Là, une pression mystérieuse le mettant en jeu, il se développe tout à coup à la manière d'un ressort, puis il pousse, il transporte pour ainsi dire l'être intellectuel au milieu du monde extérieur qui vient de lui être révélé.

Ce principe n'a toutefois qu'une réalité purement subjective. C'est le moment de le remarquer.

D'un autre côté, il est bien évident qu'on ne saurait attribuer à une induction tirée d'un principe plus de réalité, une autre sorte de réalité que n'en a ce principe lui-même. Ainsi, si les choses extérieures, c'est-à-dire le monde, n'existent qu'en tant qu'inductions du principe de causalité, il en résulte aussi que les choses extérieures, c'est-à-dire le monde, n'ont de même qu'une réalité purement subjective. La conclusion semble inévitable.

Le monde serait donc dans l'intelligence de l'homme comme une copie sans original? Ce serait je ne sais quelle image fantastique dessinée en nous par une main inconnue. Ce serait encore je ne sais quelle ombre qui ne serait projetée par aucun corps. Nos sentimens, nos passions, nos idées n'auraient pas plus de réalité que n'en ont les vains fantômes nés du délire de la fièvre. Quand, sur les ailes de l'idéalisme, nous nous sommes laissés emporter aussi loin de la vie réelle, nous éprouvons ensuite, en revenant à nous, quelque chose de l'impression d'un homme qui s'éveillerait au sommet d'un pic escarpé, après s'être endormi dans la plaine. Comme cet homme l'abîme nous entoure. De quelque côté que nous portions la main ou les yeux, nous ne rencontrons que vide et néant. Nous nous trouvons pris d'une sorte de frissonnement intérieur. Il semble que le vertige existe sur ces hauteurs de l'abstraction comme sur les montagnes de notre globe.

Cependant même alors nous ressentons encore un indéfinissable besoin d'agir. Le monde intérieur de la pensée ne peut nous retenir. Une irrésistible impulsion nous pousse à entrer par l'action, à nous précipiter en quelque sorte dans le monde de la réalité, tout brisé, tout anéanti qu'il nous paraisse.

Le besoin d'action se trouve en effet mêlé à ce qu'il y a de plus intime dans la nature humaine. On briserait le cœur de l'homme avant de l'en extirper. Nos facultés, nos passions, nos sentimens, nos instincts de toutes sortes s'accordent pour nous révéler que notre mission terrestre n'est pas de contempler oisivement notre pensée, de la couver pour ainsi dire éternellement dans notre propre sein, mais au contraire de manifester cette pensée dans le monde extérieur, de la réaliser, en un mot d'agir. L'action n'est pas seulement la destination de l'homme, elle est l'homme tout entier, l'homme même. Si l'impulsion qui nous porte à agir n'atteignait aucun but, si elle ne rencontrait pas un théâtre extérieur où se développer, notre vie ne serait donc rien autre chose qu'un effort toujours renouvelé pour avorter toujours. Elle s'écoulerait au sein d'une odieuse et bizarre contradiction. Mais Fichte nous apprend bientôt que cela n'est pas, que cela ne peut être. Il se hâte de nous enseigner que l'homme ne peut agir, ne peut même vouloir agir, qu'à la condition pour l'homme de croire à la possibilité de l'action, de croire qu'il marche vers un but et qu'il atteint ce but, de croire en un mot qu'il sent la terre sous ses pas; mais surtout c'est le point capital, de croire à l'accomplissement des devoirs qu'une voix intérieure dont il ne peut méconnaître l'autorité lui ordonne de remplir en ce monde.

Fichte fait ainsi de la croyance au devoir, comme un appui tutélaire qu'il nous met tout à coup en main, une planche de salut qu'il glisse tout à coup sous nos pieds au milieu des abîmes fantastiques créés autour de nous par la spéculation. Il nous enseigne que s'il n'est pas donné à l'homme de savoir le monde, on ne peut en conclure que le monde ne doive pas exister pour l'homme. Il nous enseigne que pour être invisible aux yeux de la science, ce monde n'en brille pas moins d'une éclatante réalité à ceux de la croyance. Il nous enseigne que si ce monde s'écroule, se brise sous la main de qui veut s'en saisir au nom de la science, la main guidée par de nobles et saintes croyances ne l'en trouve pas moins inébranlablement assis sur la base sublime du sentiment du devoir.

En un mot l'homme engagé dans les voies de la méditation commence par douter; il arrive ensuite à la science, c'est-à-dire à savoir son ignorance, puis de là ne tarde pas à se réfugier dans la croyance. C'est là, suivant Fichte, un mouvement naturel à la pensée humaine, qu'en conséquence elle accomplit nécessairement.

Dans l'ouvrage dont nous nous occupons, Fichte ne s'est pas arrêté d'ailleurs au seul côté métaphysique de ce mouvement; il a voulu nous peindre en même temps les agitations diverses qui se succèdent dans le cœur de l'homme pendant la durée de ce développement, de ces diverses transformations de sa propre pensée. Aussi n'est-ce pas une simple exposition didactique qu'il fait de son système; il le présente au contraire sous des formes animées, dramatiques; il le développe en une sorte de trilogie philosophique.

A peine a-t-on commencé cette lecture qu'on ressent je ne sais quelle crainte vague sur l'espèce de révélation qu'on est appelé à recevoir. On passe par les douloureuses angoisses du doute, on conçoit, on touche pour ainsi dire de ses propres mains le vide de la science ; il semble alors que le monde chancelle sur ses fondemens ; car le monde extérieur n'existait jusque là pour nous qu'autant que nous le savions. Nous nous attendons à le voir crouler en même temps que cette base de la science. On écoute alors, avec une anxiété toujours croissante, s'il ne sortira pas une voix de l'abîme ; on regarde si à travers les ténèbres ne brillera pas le rayon de quelque révélation nouvelle. Puis enfin, à la puissante voix de Fichte, il renaît en nous quelque chose de ce calme plein de douceur, de ce suave repos de la pensée, qui ne manquent jamais d'accompagner les fortes, les immuables croyances.

Sous ces dehors brillans, sous ce voile de poésie dont Fichte s'est entouré cette fois, on ne saurait du reste méconnaître l'hypothèse fondamentale de toute sa philosophie.

Cette hypothèse consiste à considérer le monde extérieur comme le produit de l'activité spontanée du moi. Or, la foi nécessaire qu'a l'homme aux résultats produits par cette activité, la conscience qu'il a de ses résultats, conscience qu'il a nécessairement, qu'il ne peut pas ne pas avoir, est précisément cette faculté révélatrice et créatrice du monde, que dans ce livre Fichte appelle la croyance.

A la vérité c'est d'une façon différente qu'il procède d'ordinaire pour établir son système. C'est aux conditions mêmes de la connaissance, aux conditions qui la rendent possible à l'intelligence de l'homme qu'il s'attaque tout d'abord. Il en analyse la forme; puis de cette forme de la connaissance il conclut à ce qui en est la matière, c'est-à-dire aux objets extérieurs. Il donne ainsi sa logique pour base à son ontologie.

La marche qu'il suit alors est précisément l'inverse de celle de la destination de l'homme. Dans ce dernier ouvrage, il prend son point de départ dans la sensation. Il se place, à son début, à la surface même du moi, au point de contact du moi avec le monde extérieur. Ici il s'enfonce au contraire de prime-abord au centre même de la sphère du moi, il descend immédiatement dans les plus profonds abîmes de l'activité spontanée du moi.

Cette seconde méthode d'exposition est sans doute la plus rigoureuse. Elle est la seule vraiment dogmatique ; mais elle suppose un public familiarisé de longue main avec les points de vue et surtout les méthodes de la philosophie transcendentale. Il m'a donc paru que les ouvrages où Fichte l'emploie n'étaient pas ceux qui avaient le plus de chances d'être favorablement accueillis des lecteurs français ; car on ne saurait nier que parmi nous ce soit encore le sensualisme qui règne presque exclusivement. Nous rejetons, il est vrai, une partie des doctrines dégradantes qui sont nées de cette philosophie, mais nous ne nous en servons pas moins des méthodes qu'elle a créées ; nous ne nous en plaçons pas moins volontiers, dans nos diverses études, au point de départ scientifique qui lui est propre. Or, dans la destination de l'homme, Fichte se place aussi à ce point de départ ; c'est du point de vue sensualiste qu'il nous mène aux points de vue les plus essentiels de la philosophie transcendentale. J'ai donc pu espérer que ce livre pouvait être propre à établir dans l'esprit du lecteur une sorte de lien entre deux ordres d'idées d'ailleurs si opposés ; qu'il pouvait le conduire de l'un à l'autre sans une trop brusque transition.

On pourrait croire en effet que dans cet ouvrage Fichte s'est proposé d'aller chercher le lecteur aux lieux où l'ont laissé Condillac, Maine de Biran, M. de Tracy, pour le conduire à ces régions élevées où habitent Kant, Jacobi, Schelling, Hegel.

Cet ouvrage est ainsi en définitive une sorte d'introduction à la philosophie spiritualiste. Aussi est-ce en cette qualité que je l'offre au public. Cette traduction ne précède que de peu de temps (du moins je l'espère) quelques autres publications où je me propose de faire passer sous les yeux du lecteur plusieurs des grands systèmes de philosophie allemande, plus célèbres jusqu'à présent que connus parmi nous. Je ne sais si je dois dire encore que ce travail n'est lui-même que le préliminaire, ou, pour mieux dire, que l'échafaudage d'un autre travail historique plus important dont il m'a déjà échappé de dire un mot. Mais en tous cas le moment ne me semble pas venu d'en parler avec plus de détail. J'éprouve au contraire quelque empressement à terminer ce peu de lignes, en disant que je ne me flatte en aucune façon de voir un livre du genre de celui-ci émouvoir le moins du monde l'intérêt du public.

Les questions philosophiques demandent, pour être débattues, que les grandes questions sociales ayant reçu solution quelconque ne soient pas flagrantes pour tous, ne se présentent pas, en quelque sorte, comme autant de questions de vie et de mort pour chacun. Il leur faut des temps de calme, de repos, de libre développement de l'intelligence, des temps enfin dont ne diffèrent que trop, hélas! ceux où nous vivons. Le Portique et l'Académie demeuraient probablement déserts et silencieux au moment où le peuple d'Athènes battait de ses flots bruyans le pied de la tribune aux harangues. Comment espérer que la voix de Fichte, de Schelling ou de Hegel puisse avoir à l'heure qu'il est grand retentissement en France? Cependant, pour tout ce qui a une pensée dans la tête, un sentiment dans le cœur, c'est chose assez triste que notre vie du moment. Dans le terrain des intérêts positifs de la société où nous sommes tenus, hommes de toutes les nuances d'opinions, de venir creuser, à la sueur de nos fronts, un pénible sillon, ce n'est guère, jusqu'à présent, qu'en amers désappointemens, qu'en mécomptes de toutes sortes que la moisson a été abondante. Il ne me semble donc pas absolument impossible qu'il arrivât à un certain nombre d'intelligences amies de la méditation, de vouloir faire une trêve momentanée à ce pénible labeur de tous les jours et de toutes les heures. Peut-être arrivera-t-il même à quelques-unes d'entre elles de vouloir s'en reposer, ne fût-ce que de courts instans, au sein d'un autre ordre de faits, d'idées et de sentimens, au sein de spéculations désintéressées de la pensée, par conséquent d'un tout autre monde. C'est à ce petit nombre de lecteurs que Fichte s'adresse.

DESTINATION
DE L'HOMME.

LE DOUTE, LA SCIENCE,

LA CROYANCE.

LE DOUTE.

Je crois connaître actuellement une bonne partie du monde qui m'entoure; du moins n'ai-je épargné pour cela ni mes soins ni ma peine. Je n'ai voulu m'en rapporter qu'au témoignage unanime de tous mes sens. J'ai regardé, puis j'ai touché, puis j'ai décomposé pièce à pièce ce que je venais de toucher; et cela, ce n'est pas une seule, c'est plusieurs fois que je l'ai fait. J'ai comparé entre eux les phénomènes extérieurs, compris tous leurs rapports et leur ordre de succession : j'ai déterminé par avance les effets qui devaient être produits par chacun d'eux, et souvent j'ai vu ensuite ces effets se montrer dans la réalité tels que je les avais prévus. Alors seulement je me suis arrêté dans mes investigations. Mais je me suis arrêté pour demeurer aussi convaincu de la légitimité des connaissances que j'avais acquises en agissant de la sorte que je puis l'être de ma propre existence. Sur la foi que j'ai en leur infaillibilité, je hasarde à chaque minute ma vie et mes intérêts les plus chers. Je marche à pas sûrs et hardis dans la sphère où il m'a été donné de vivre, et que j'ai su explorer tout entière.

Mais moi! que suis-je moi-même? quelle est ma destination? Questions oiseuses. — Il y a long-temps que mes convictions sont faites sur ce point, et il me faudrait, à coup sûr, beaucoup de temps pour rappeler tout ce qui m'a été dit et enseigné là-dessus, pour exposer mes propres convictions.

Et pourtant ces convictions que je trouve si intimes au dedans de moi, je dois en convenir, ne laissent pas que d'être obscures à leur origine. Avant d'y parvenir, m'étais-je en effet traîné long-temps sous l'aiguillon d'une ardente curiosité à travers le doute, l'incertitude, la contradiction? Avant de les adopter (ce que je dois toujours faire, lorsque je peux craindre que mon assentiment ne soit surpris), en ai-je scrupuleusement examiné la vraisemblance, mesuré l'étendue, apprécié la portée? Me suis-je long-temps et prudemment abstenu d'y ajouter foi jusqu'à ce qu'au dedans de moi une voix imméconnaissable, irrésistible, m'ait crié : Oui, cela est, et cela est ainsi, aussi certainement que tu es toi-même, que tu existes? Nullement. Aucune circonstance semblable ne me revient à l'esprit. Ces convictions, ces idées sont venues à moi sans que je les cherchasse. Elles m'ont apporté une réponse à une question que je ne faisais pas; et, depuis ce moment, elles sont demeurées dans mon esprit, là même où le hasard les a mises, sans que j'y eusse donné mon consentement, sans que je leur eusse demandé de justifier de leurs titres.

C'est donc bien à tort que jusqu'à ce moment je me suis persuadé savoir quelque chose sur moi, sur ma destination. S'il est vrai que je sache seulement ce que j'ai appris par l'expérience ou la réflexion, je n'en sais réellement quoi que ce soit. Je sais seulement ce que d'autres que moi prétendent en savoir; et tout ce que je puis être fondé à en affirmer par moi-même, c'est que j'en ai entendu dire ou ceci ou cela. Ainsi, moi qui, pour l'acquisition de certaines connaissances sans aucune importance véritable, me suis souvent donné tant de soucis, sur ce sujet, celui de tous le plus digne d'exciter vivement mon intérêt, je m'en suis remis à des étrangers. Je leur ai supposé une sympathie pour les grands intérêts de l'humanité, un sérieux dans l'ame pour s'en occuper, une autorité pour en décider que je ne trouvais pas en moi. C'était les priser bien au-dessus de moi-même.

Cependant, comme ce qu'ils savent c'est par leurs propres réflexions qu'ils l'ont appris, et que je suis moi-même un être de même nature qu'eux, doué des mêmes facultés, le même moyen m'aurait sans doute conduit au même but. Encore une fois, je me suis donc placé bien bas à mon propre tribunal.

Mais je suis résolu à ce qu'il n'en soit plus ainsi ; à compter de ce moment, je prétends rentrer dans tous mes droits long-temps négligés, reprendre possession de ma dignité trop long-temps méconnue. Je veux marcher seul et dans ma liberté. Je briserai les liens de tout enseignement extérieur; je ne subirai plus aucune influence étrangère ; j'étoufferai même tout secret désir qui pourrait naître en moi, que mes travaux fussent couronnés de tels ou tels résultats ; ou, si en cela mon attente était trompée, si mes efforts, pour cela, demeuraient infructueux, je ferai du moins en sorte que, sur le choix de la route que je me déterminerai à suivre, ces désirs ne soient pour rien; car, sur cette route, toute vérité, quoi qu'elle dise, sera la bienvenue; car ce que je veux, c'est savoir. Je veux savoir avec la même certitude que je sais que ce plancher me portera si je marche dessus, que ce feu me brûlera si je le touche ; je veux savoir, dis-je, ce que je suis et ce que je deviendrai. S'il ne m'est pas donné de le savoir, je saurai du moins cela. Je mettrai alors tout mon courage à me soumettre avec résignation à ce triste et douloureux mécompte.

Je me hâte pour accomplir ma tâche.

Et d'abord, portant sur la nature une main hardie, je l'arrêterai dans sa course rapide, je ferai mes efforts pour embrasser, d'un coup d'œil, l'ensemble du spectacle qu'elle m'offrira dans cet instant, et pour en saisir ensuite au moyen de la réflexion les innombrables détails ; mais, dans aucun cas, je ne tenterai d'en sortir, d'aller au-delà par la pensée. Je sais trop que, si mes raisonnemens ont quelque valeur, quelque légitimité, c'est seulement dans le domaine de la nature.

Or, ce que je remarque au premier instant, c'est que je me trouve au milieu d'une multitude d'objets que je suis irrésistiblement porté à considérer comme existant par eux-mêmes, comme formant chacun un tout. Autour de moi sont des plantes, des arbres, des animaux; à chaque plante, à chaque arbre, à chaque animal, j'attribue un certain nombre de propriétés par où il se différencie de tous les autres. Cette plante a cette forme, cette autre plante cette autre forme; cette feuille est sur cet arbre, cette autre feuille sur tel autre arbre.

Partout où se trouvent ces propriétés, elles sont en nombre déterminé. A cette question, si un objet est ceci ou cela, il y a toujours lieu à répondre un oui ou un non positif, qui rend impossible toute incertitude sur ce qu'il est ou n'est pas. Il a en effet ou il n'a pas telle ou telle propriété. Il est ou il n'est pas coloré; il a ou il n'a pas telle couleur; il est palpable ou impalpable, sapide ou insapide.

De plus, c'est toujours à un degré déterminé qu'existent ces propriétés. Si on pouvait les appliquer à une échelle graduée, on verrait chacune d'elles correspondre à un nombre exact de divisions dont elle ne pourrait différer ni en plus ni en moins. Un arbre, par exemple, a une élévation qu'il sera toujours possible d'exprimer par un nombre déterminé de pieds, pouces et lignes, et il ne pourra être d'une ligne plus haut ou plus bas. Le vert d'une feuille sera d'une certaine nuance, et la feuille sera de cette nuance ni plus claire, ni plus foncée. Une plante, de sa germination à sa maturité, s'enfermera de même, au terme de sa croissance, entre certaines limites, qui demeureront stables, invariables. Tout ce qui est, est donc déterminé : ce qui est ne peut être autre qu'il est.

Ce n'est pas toutefois qu'il me soit interdit de penser à des objets qui demeurent indéterminés dans mon esprit. Il arrive au contraire que, plus de la moitié du temps, ce sont de semblables objets qui occupent ma pensée. Si je pense à un arbre, par exemple, sa hauteur, sa grosseur, la quantité ou la nature de ses feuilles et de ses fruits, me demeurent inutiles à connaître tant que j'y pense, comme à un arbre quelconque, un arbre en général, et non pas tel ou tel arbre. Il faut seulement remarquer qu'aussi long-temps que cet arbre demeure ainsi indéterminé dans ma pensée, il n'a pas pour moi d'existence réelle : je la lui refuse en quelque sorte; car, tout objet existant, par cela même qu'il existe, est nécessairement déterminé. Il a un nombre déterminé de propriétés et il les a à des degrés déterminés, bien qu'il me soit souvent impossible de les énumérer toutes et de mesurer chacune d'elles avec exactitude.

Cependant la nature a poursuivi le cours de ses transformations successives. Pendant que je parle encore du spectacle qu'elle m'a offert au moment où j'ai voulu le contempler, ce spectacle n'existe déjà plus. Autour de moi tout s'est métamorphosé. Bien plus! tout l'était déjà avant que j'eusse eu le temps de jeter un seul coup d'œil sur ce qui se présentait à moi, et ce que j'ai pu voir n'était plus ce que j'avais eu l'intention de regarder. Par la même raison, ce qu'était alors la nature, elle ne l'avait pas toujours été : elle l'était devenue.

Mais pourquoi l'était-elle devenue? En vertu de quelle cause, dans la multitude infinie des modifications extérieures qu'elle pouvait revêtir, m'a-t-elle présenté celles que j'ai vues; celles-là, dis-je, et aucune autre?

Pourquoi? Parce que ces modifications avaient été devancées par celles qui les devancèrent, par aucune autre, et que celles-là ne pouvaient être suivies que de celles qui se sont montrées. Le moindre changement arrivé dans ce qui vient d'être en eût nécessairement amené un dans ce qui est. Ce passé immédiat était lui-même déterminé par ce qui l'avait précédé; et ainsi à l'infini. De même, dans l'instant qui suivra l'instant actuel, la nature se présentera modifiée comme elle le sera, parce qu'elle est actuellement modifiée comme elle l'est. S'il se manifestait quelque changement dans ce qu'elle est maintenant, un autre changement correspondrait à celui-là dans ce qu'alors elle sera; et dans l'avenir plus éloigné qui doit succéder à cet avenir immédiat, ce qu'elle sera, elle le sera encore, parce que, dans cet avenir immédiat, elle aura été telle qu'elle aura été; et de même aussi à l'infini.

La nature accomplit ainsi sans repos une éternelle évolution, et les modifications que tour à tour elle présente, loin d'éclore au hasard, sont au contraire assujéties à de rigoureuses lois de succession. Chacune d'elles est ce qu'elle est nécessairement, et ne saurait être différente. Les apparences visibles sous lesquelles se montre successivement l'univers forment une chaîne fermée, dont chaque anneau, déterminé par celui qui le précède, détermine celui qui le suit, et toutes se tiennent si intimement que, de l'état extérieur de l'univers dans un moment donné, on pourrait remonter par la réflexion à tous les états divers par lesquels il a dû passer avant cet instant, ou deviner tous ceux par lesquels il devra passer après cet instant. Il suffirait, dans le premier cas, de vouloir se rendre compte de l'enchaînement des causes qui ont fait le présent ce qu'il est, dans le second, de suivre dans leurs développemens les effets qu'aura dans l'avenir ce présent lui-même. Dans chaque partie je puis donc retrouver le tout, car c'est le tout qui fait cette partie ce qu'elle est; par cela même, ce qu'elle est, elle l'est nécessairement.

Toute modification de l'être me fait donc toujours supposer l'être. Toute circonstance extérieure me force à remonter par la pensée à une autre circonstance qui l'a précédée. Les choses qui sont me contraignent irrésistiblement de croire que d'autres choses ont été

C'est en cela que se résume en définitive tout ce qui précède.

Mais, comme du plus ou moins de lumière jetée en ce moment sur ce seul point il ne serait pas impossible que dépendît le succès de mon entreprise tout entière, je m'y arrêterai quelques momens encore, pour n'y rien laisser d'obscur.

Pourquoi, en vertu de quelle raison les modifications des objets extérieurs sont-elles, dans le moment où je les vois, telles que je les vois? C'est là ce que je me suis d'abord demandé. Et à cela, tout aussitôt, sans hésiter, sans m'arrêter un seul instant à en rechercher la preuve, j'ai répondu, comme chose absolument et immédiatement vraie, que j'ai toujours trouvée telle, que j'ai la certitude de toujours trouver telle; j'ai répondu, dis-je, c'est que ces modifications ont eu une cause qui les a faites ainsi; c'est-à-dire que ce qu'elles sont, elles le sont en vertu d'une chose en dehors d'elles. Chose bizarre! leur existence ne m'a pas paru suffire à prouver leur existence. Il m'a fallu en chercher autre part la raison. Chose plus bizarre encore! ce sont elles qui ont trahi le besoin qu'elles ont d'un secours étranger pour exister : ce sont elles qui m'ont révélé l'incapacité où elles se trouvent d'être en vertu d'elles-mêmes; car, ne se montrant jamais à moi autrement que comme modifications d'une chose modifiée, elles m'ont rendu, par là, impossible de les concevoir indépendamment de cette chose sur laquelle elles s'appuyaient constamment, qui les supportait pour ainsi dire; et, pour parler comme l'école, il m'a fallu leur donner un substract. Ce substract (étant elle-mêmes déterminées comme je me suis convaincu, il n'y a qu'un instant, qu'elles l'étaient toujours), elles ne sauraient l'exprimer qu'à un état déterminé, par conséquent qu'à un instant de repos, à un temps d'arrêt dans le cours de ses transformations successives. Et en effet, à son passage de l'une à l'autre, ce substract se trouve nécessairement, pendant que dure la transition, à un état encore indéterminé. C'est donc un état de passivité qu'expriment ces modifications. Or, toute existence passive est nécessairement incomplète. Toute passivité suppose une activité qui lui corresponde pour la limiter et la déterminer, ou, pour parler le langage habituel, qui en soit la cause. Ce que j'ai été conduit à admettre n'était donc pas que les modifications extérieures, en tant que simples modifications, pussent agir les unes sur les autres; qu'une modification qui s'anéantit à l'heure qu'il est pût, dans l'heure qui va suivre et lorsqu'elle ne sera plus, donner le jour à une autre modification autre qu'elle, et qui n'était pas encore, pendant qu'elle-même existait. Il m'aurait paru par trop étrange que ce qui ne s'est pas produit soi-même pût produire quelque chose hors de soi.

Mais une force inhérente à l'objet et le constituant, voilà ce que je me suis trouvé conduit à admettre, pour m'expliquer les modifications successives et diverses que présente tout objet.

Et quant à la manière dont je me suis représenté cette force, soit en elle-même, soit dans ses modes d'activité, il est évident que je n'ai pu me la représenter autrement que comme une force qui, dans des circonstances données, produisait tel effet donné aussi, cet effet et aucun autre, mais cet effet nécessairement et infailliblement.

Le principe actif qui constitue l'objet et détermine les modifications de l'objet considéré en tant que force est simple en lui-même; c'est aussi de lui-même qu'il se met en mouvement. Il n'obéit à aucune impulsion étrangère; mais la raison qui fait que c'est de telle ou telle façon que la force se développe est en partie en elle-même, parce que c'est telle force qu'elle est, et non pas telle autre; partie aussi en dehors d'elle, dans les circonstances au milieu desquelles elle se développe. Ces deux choses, la limitation ou la détermination qu'elle puise en elle-même, et celle qui lui est imposée par les circonstances extérieures, doivent se combiner pour amener ce qui se trouve être produit. Par elles-mêmes, les circonstances extérieures exprimant ce que sont les choses ne contiennent nullement le principe de ce qu'elles deviendront. Tout au contraire même, car l'être ou l'existence manifestée est l'opposé du devenir, ou de l'existence à se manifester; mais ces circonstances extérieures n'en contribuent pas moins, tout autant que la détermination puisée en elle-même par cette force, à déterminer le produit de cette force. Or, une force n'existe pour moi que dans le produit que je perçois. Pour moi une force improductive, une force à l'état de passivité n'existerait pas. Son produit est le seul côté par lequel elle se montre; elle s'imprime dans ce produit, elle s'exprime par ce produit; et ce produit, rien de plus facile que de montrer, d'abord qu'il est déterminé, puis, que la cause s'en trouve, partie dans la force qui l'a engendré, parce qu'elle est telle force et non pas telle autre; partie dans les circonstances extérieures au milie desquelles elle a été appelée à se manifester.

Qu'une fleur, par exemple, sorte de terre? j'en conclus une force d'organisation dans la nature. Cette force existe pour moi en tant qu'elle crée des fleurs, des plantes, des animaux; je ne pourrais la décrire que par ses effets; je ne puis dire rien autre chose d'elle, sinon qu'elle est ce qui produit des fleurs, des plantes, des animaux, des êtres organisés en général. Avant de l'avoir vue, j'aurais pu dire qu'à cette place une fleur sortirait de terre, et même que ce serait une fleur de telle espèce, s'il se rencontrait le concours de circonstances qui pouvait le rendre possible; mais en même temps ces circonstances n'établissaient que la possibilité de l'existence de la fleur; et lorsque je l'ai vue, je n'ai pu m'expliquer à moi-même le fait même de son existence autrement qu'en ayant recours à une force de la nature, active, primitive, déterminée, une force enfin dont la destination fût de créer des fleurs; car toute autre force de la nature, au milieu des mêmes circonstances, aurait peut-être produit tout autre chose; et ici l'univers se montre à moi sous un point de vue tout nouveau.

Lorsque je considère les objets extérieurs dans leur ensemble, comme formant la vaste unité de l'univers, j'ai l'idée d'une force unique dans la nature; lorsque au contraire je les considère dans leur existence individuelle, j'ai l'idée de plusieurs forces de la nature, dont chacune se serait développée suivant ses propres lois, pour se montrer sous certaines formes extérieures; et je ne vois plus dans les objets qu'autant de manifestations variées de ces forces mêmes, manifestations dont chacune se trouve être tout à la fois déterminée, partie par ce qu'est en elle-même la force dont elle est en quelque sorte l'enveloppe visible, partie parce qu'auront été les manifestations de cette force antérieures à cette dernière manifestation, partie enfin parce que seront les manifestations de toutes les autres forces de la nature avec lesquelles cette force se trouvera en relation, c'est-à-dire avec la totalité même des forces de la nature. La nature en effet est un grand tout dont toutes les parties se tiennent et se lient. Et de la sorte, il n'est pas d'objet qui ne soit ce qu'il est, parce que la force qu'il exprime étant ce qu'elle est, et ayant agi au milieu des circonstances où elle a agi, il serait complètement impossible qu'il fût autre qu'il est, de l'épaisseur d'un cheveu ou d'un infiniment petit.

C'est ainsi qu'à chaque instant de sa durée l'univers se présente comme un tout harmonique. C'est ainsi qu'il n'est pas une seule de ses parties intégrantes qui, pour être ce qu'elle est, ne rende nécessaire que les autres soient ce qu'elles sont. De ces parties, vous ne pourriez en déplacer une seule, fût-ce un grain de sable, sans que ce déplacement ne devînt aussitôt le centre d'une multitude d'autres déplacemens de parties, insensibles peut-être pour vos yeux, mais n'en allant pas moins rayonner en tout sens à travers les espaces infinis. Ce n'est pas tout. Comme tout se tient dans le temps aussi bien que dans l'espace; comme l'état de l'univers, à un instant donné de sa durée, est nécessairement déterminé par ce qu'il a été, et détermine non moins nécessairement ce qu'il doit être, au déplacement de ce grain de sable il faudra que viennent se rattacher aussi deux autres séries d'altérations successives à l'ordre de l'univers : l'une qui remonterait à l'infini dans les temps écoulés, l'autre qui s'étendrait de même à l'infini dans les temps qui ne sont pas encore. Supposons, en effet, que ce grain de sable soit de quelques pas plus avant dans les terres qu'il ne l'est réellement. N'aurait-il pas fallu que la vague qui l'a porté où il est l'eût poussé avec plus de force? pour cela, que le vent qui a soulevé cette vague eût été plus violent? et pour qu'il le fût, que la température de l'atmosphère différât ce jour-là de ce qu'elle a été? Or, cette température ne pouvait être autre à moins que celle de la veille ne fût autre aussi, à moins que ne fussent autres aussi celles des journées précédentes, et l'on se trouvera ainsi conduit à supposer dans notre atmosphère une succession de températures toujours différentes de ce qu'elles auront été effectivement. Les corps qui s'y trouvent exposés en auront reçu une influence tout autre. La terre s'en sera ressentie. Les hommes n'y auront point échappé. Qui le sait donc? Car si les mystères que la nature recèle dans son sein doivent nous demeurer cachés, peut-être ne nous est-il pas interdit d'essayer de soulever par la pensée un coin du voile qui les recouvre. Qui sait si par suite de ces températures de l'atmosphère que nous avons été forcés d'imaginer, toujours différentes de ce qu'elles ont vraiment été, pour soulever ce grain de sable l'espace de quelques pas, un de tes aïeux ne sera pas mort de faim, de froid ou de chaud, avant d'avoir engendré celui de ses fils dont toi-même es né? Tu n'aurais donc pas été, et aucune des choses par lesquelles tu as manifesté jusqu'à ce jour ton existence dans ce monde, aucune de celles par lesquelles tu la manifesteras à l'avenir, n'aurait été. Et pourquoi? parce que ce grain de sable se trouverait à quelques pas du lieu où il se trouve en réalité.

Moi, avec tout ce qui m'appartient, avec tout ce qui est à moi, je suis donc emprisonné dans les liens de la nécessité. Pour mieux dire, je suis un des anneaux de sa chaîne inflexible. Il fut un temps où je n'étais pas encore; d'autres me l'ont dit du moins qui vivaient alors, et bien que je n'aie jamais eu par moi-même la conscience de cette époque dont ils m'ont parlé, j'ai été contraint de reconnaître qu'ils disaient vrai. Il fut aussi un temps où je naquis; où après avoir peut-être déjà été pour d'autres, je fus aussi pour moi-même; où se manifesta en moi la conscience de ma propre existence. Depuis lors, ce sentiment ne m'a jamais quitté; je n'ai jamais cessé de sentir au dedans de moi des facultés, des passions, des désirs, des besoins : en un mot, j'ai été un être de telle ou telle espèce appelé à vivre dans le temps.

Je ne suis pas né de moi-même. De toutes les absurdités la plus choquante serait, sans doute, de supposer que j'aie été avant d'être, que j'aie préexisté à ma propre existence, afin de me la donner. Je suis par conséquent le produit d'une force dont le siége est au dehors de moi. D'un autre côté, comme je suis une partie intégrante de la nature, cette force qui m'a donné l'être ne saurait être qu'une force universelle qui se manifeste dans la nature entière. Le moment de ma naissance, ainsi que les attributs essentiels qui me constituent et avec lesquels je suis venu au monde, ont dû être déterminés par cette force, et il en est de même aussi sans doute de toutes les façons diverses par lesquelles ces attributs se sont jusqu'à présent manifestés dans le monde, de toutes celles par lesquelles ils s'y manifesteront à l'avenir. Il était de toute impossibilité qu'à ma place un autre naquît. Il serait de même de toute impossibilité que je fusse à un seul instant de mon existence autre que je ne suis en effet.

Mes actes, il est vrai, sont toujours accompagnés d'un sentiment de conscience; ils le sont parfois de réflexions, de volonté, de résolution; mais cela ne témoigne de rien autre chose que de certaines modifications de la conscience, et ne peut infirmer en rien ce que je viens de dire. Il est dans la nature des plantes qu'elles croissent et se développent; il est dans celle des animaux qu'ils se meuvent volontairement; c'est ainsi qu'il est dans la nature de l'homme de penser. Pourquoi supposerais-je que la pensée soit une chose qui appartienne plus en propre à l'homme que je n'ai supposé, que la faculté de croître appartenait à la plante, celle de se mouvoir à l'animal? Serait-ce parce que la pensée humaine est en elle-même plus noble, et chose d'un ordre plus relevé que l'organisation des plantes et le mouvement des animaux? Ce serait là une raison qui ne mériterait pas d'avoir quelque influence sur l'esprit d'un observateur impartial et de sens rassis. Serait-ce parce que je ne puis me rendre compte comment il se ferait qu'une intelligence en dehors de l'homme pensât dans l'homme? Mais puis-je me rendre un compte plus satisfaisant de la façon dont il se fait que d'autres forces, dont le siége n'est pas davantage dans les plantes ou les animaux, fassent pourtant croître les plantes et mouvoir les animaux? Ne faut-il pas admettre une fois pour toutes que les forces primitives de la nature sont inexplicables en elles-mêmes par la raison que ce sont elles qui servent à tout expliquer? Quant à faire naître la pensée du contact de la matière avec la matière, je n'y songerai même pas. Je n'y songerai pas du moins avant de m'être expliqué, d'une façon plus satisfaisante que je ne l'ai fait jusqu'à présent, la naissance et le développement d'une simple mousse. La pensée existe donc absolument de même que la force d'organisation. Comme cette dernière, elle est naturelle, car c'est sous l'empire des lois naturelles que se développe l'être pensant; c'est aussi dans le domaine de la nature qu'elle se trouve, qu'elle existe. En un mot, il y a dans la nature une force pensante primitive tout aussi bien qu'une force d'organisation primitive.

Les forces primitives de la nature, et par conséquent aussi cette force de la pensée, rayonnent en tous sens dans l'immensité, et tendent à se manifester en subissant des modifications diverses, en revêtant les formes les plus variées. Moi, par exemple, je suis une manifestation de la force d'organisation de la nature, de même que la plante; je suis une manifestation de sa force motrice, comme l'animal; et, outre cela, je suis encore une manifestation de sa force pensante. C'est la fusion de ces trois forces en une seule force, c'est le développement harmonique de cette force complexe qui constitue le caractère distinctif de l'espèce d'êtres à laquelle j'appartiens. La plante a de même pour signe caractéristique d'être une manifestation de la seule force d'organisation de la nature.

En moi, l'organisme, le mouvement et la pensée ne dépendent pas l'un de l'autre, ne dérivent pas l'un de l'autre. Ce n'est pas parce que l'organisme et le mouvement existent que je les pense : réciproquement, ce n'est pas parce que je les pense qu'ils existent. Mais l'organisme, le mouvement et la pensée constituent les développemens parallèles et harmoniques de cette force dont la manifestation est nécessairement un être de mon espèce, dont la destination est inévitablement de créer des hommes. Il naît au dedans de moi une pensée absolument : un organe lui correspond absolument; puis un mouvement s'ensuit absolument aussi. Ce que je suis, ce n'est pas parce que je pense l'être que je le suis. Ce n'est pas non plus parce que je le suis que je pense l'être ou que je veux l'être; mais je suis et je pense : les deux choses absolument. Toutes deux, l'existence et la pensée, découlent d'une source plus élevée que l'une ou l'autre.

Marchant vers un but déterminé, les forces de la nature se développent suivant certaines lois. Aussi voyons-nous les objets extérieurs, êtres ou plantes, lorsque la force que recèle chacun d'eux n'est pas contrariée ou arrêtée dans sa manifestation naturelle par quelque cause étrangère, avoir une certaine durée et parcourir inévitablement le cercle d'un certain nombre de révolutions. La plante, manifestation de la seule force d'organisation de la nature, va d'elle-même, et dans un certain nombre de mois ou d'années, de sa germination à sa maturité. Manifestation complexe de plusieurs forces, l'homme fait de même de sa naissance à sa mort. La vie de tous deux est inévitablement déterminée d'avance dans sa durée et ses diverses périodes. S'il est certains objets, au contraire, qui ne font qu'apparaître au monde, qui meurent en naissant, nous devons être assurés que ce n'est pas le développement régulier d'une force de la nature qu'ils expriment, mais seulement la rencontre fortuite, le choc passager en même temps qu'accidentel de plusieurs de ces forces.

Entre mes organes, mes mouvemens volontaires et ma pensée, il existe un accord harmonique. Tant que cet accord continue, j'existe. J'existe, de plus, comme un être de la même espèce, car les attributs essentiels qui caractérisent cette espèce subsistent en moi au milieu d'un flux et reflux de modifications passagères.

Mais, avant que je naquisse, la force triplement complexe qui me constitue, qui constitue l'humanité entière, s'était déjà manifestée dans le monde. Elle l'avait fait à des conditions diverses, au milieu de circonstances extérieures de diverses sortes. C'est même en cela, je veux dire dans ces conditions et ces circonstances diverses, qu'il faut chercher la raison qui fait être les manifestations de cette force ce qu'elles sont reellement et actuellement. C'est cela qui a rendu nécessaire que dans telle espèce ce fût tel ou tel individu qui vînt au jour. Or, les mêmes circonstances extérieures ne sauraient jamais se reproduire une seconde fois dans le monde précisément telles qu'elles ont été une première. Il faudrait pour cela, ce qui est impossible, que le grand tout de la nature redevînt aussi une seconde fois ce qu'il aurait été une première, qu'il y eût deux natures au lieu d'une seule. Les individus qui ont déjà été ne peuvent donc recevoir une seconde fois la même existence. Ce n'est pas tout; je ne suis pas né seul dans mon espèce: au moment où je naquis, la force triplement complexe qui me constitue et constitue l'humanité, en même temps qu'elle me donnait l'être, se manifestait aussi dans l'univers, au milieu de toutes les circonstances qui alors se trouvaient possibles; et cependant nulle autre part qu'où je suis né ces circonstances ne pouvaient se grouper tout-à-fait identiques à celles qui ont entouré ma naissance; il aurait fallu pour cela que la nature entière se scindît en deux mondes à la fois parfaitement identiques et parfaitement distincts. De là résulte que deux individus vraiment les mêmes ne peuvent pas plus naître au même instant que dans la durée des temps. C'est ainsi qu'il a été nécessaire que je fusse bien moi, que je fusse inévitablement la personne que je suis. J'ai donc trouvé la loi définitive en vertu de laquelle je suis ce que je suis. Je suis ce que la force constituant l'homme, étant dans son essence ce qu'elle est, se manifestant hors de moi comme elle se manifestait au moment de ma naissance, se trouvant avec toutes les autres forces de la nature dans les rapports où elle se trouvait alors, pouvait produire; et comme elle ne recèle en elle-même aucune puissance de se modifier, de se limiter d'une façon quelconque, je suis aussi ce qu'elle devait nécessairement produire, ce qu'elle ne pouvait pas ne pas produire. Je suis, en un mot, le seul être qui fût possible dans le rapport universel des choses. Un esprit dont l'œil saurait lire dans les abîmes mystérieux de la nature, à la vue d'un seul homme, devinerait les hommes qui ont précédé celui-là et ceux qui le suivront. Dans ce seul homme lui apparaîtrait la multitude infinie des hommes, l'humanité tout entière. Puis, comme c'est de même ce rapport qui se trouve entre moi et la nature qui détermine ce que j'ai été, ce que je suis, ce que je serai, cet esprit, d'un moment donné de mon existence, pourrait lire aussi ma vie tout entière dans le passé et dans l'avenir;

car, encore une fois, ce que je suis ou ce que je serai, je le suis ou je le serai nécessairement. Il serait absolument impossible que je fusse autre.

J'ai conscience de moi comme d'un être existant par soi-même, et dans plusieurs circonstances de ma vie, comme d'un être libre; mais tout cela s'accorde fort bien avec les principes que j'ai posés; tout cela n'est nullement en contradiction avec les conséquences que j'ai tirées de ces principes. Ma conscience immédiate, mes propres perceptions ne sortent pas du cercle de ma personnalité. Elles ne peuvent aller au-delà des modifications qui se passent en moi. Ce que je sais immédiatement, c'est toujours moi, ce n'est jamais que moi; ce que je sais au-delà, je ne puis le savoir que par induction. Je l'apprends de la même façon que j'ai appris l'existence des forces primitives de la nature auxquelles n'atteignaient nullement mes propres perceptions. Moi, ce que je nomme moi, ce qui est ma personne, je ne suis point la force même qui constitue l'homme : je n'en suis qu'une manifestation. C'est de cette manifestation que j'ai conscience comme de moi-même, non pas de la force tout entière, car je ne parviens à connaître cette dernière qu'au moyen d'une suite d'inductions : mais comme cette manifestation appartient à une force primitive existante par elle-même, qu'elle en dérive, elle conserve tous les caractères qui distinguent cette force ; ce qui fait qu'elle m'apparaît dans ma conscience comme existante par elle-même. Par la même raison, je m'apparais comme un être existant par soi-même. Par-là aussi je m'apparais tour à tour libre dans certaines circonstances de ma vie, lorsque ces circonstances sont les développemens naturels, les produits spontanés de cette force primitive, dont une partie m'est échue en partage et constitue mon individu ; empêché, contraint, lorsque des circonstances intérieures survenues dans le temps présentent des obstacles au développement naturel de cette force, et renferment son activité dans de plus étroites limites que celles où elle s'est enfermée d'elle-même en constituant mon individualité; puis enfin je m'apparais, contraint, opprimé, lorsque cette même force intérieure, entraînée hors de ses développemens légitimes par une puissance supérieure à la sienne, se trouve obligée de se déployer dans une direction différente de celle qu'elle aurait naturellement suivie.

Donnez la conscience à un arbre; puis laissez-le croître sans empêchement, étendre ses branches en liberté, pousser en liberté les feuilles, les fleurs, les fruits de son espèce. Certes il ne cessera pas de se trouver libre parce qu'il est un arbre, qu'il est un arbre de telle espèce, et que dans cette espèce il est tel individu. Il se croira toujours libre au contraire, parce que tout ce qu'il fait il est poussé à le faire par sa nature intime; et il ne peut

LE DOUTE.

vouloir autre chose, puisqu'il ne peut vouloir que ce qu'elle réclame. Faites ensuite que sa croissance soit arrêtée par la rigueur d'une saison intempestive, par le manque de nourriture ou pour tout autre cause, l'arbre se trouvera gêné, empêché, parce qu'il sentira en lui une tendance à se développer à laquelle il ne peut satisfaire. Liez enfin ses branches toujours libres jusqu'à ce moment, garrottez-les en espalier; forcez-le par la greffe à porter des fruits qui lui sont étrangers, et l'arbre se trouvera opprimé dans sa liberté. Il n'en continuera pas moins de croître; mais ses branches s'étendront dans une direction qui ne leur était pas naturelle. Il n'en portera pas moins des fruits, mais ce seront des fruits auxquels répugnera sa nature intime.

Dans ma conscience immédiate, je m'apparais donc libre ; mais la contemplation de la nature ne tarde pas à m'enseigner que la liberté est impossible. La liberté est tenue d'obéir aux lois de la nature.

Dans cette doctrine je trouve enfin du repos d'esprit, une véritable satisfaction intellectuelle. Elle établit entre les diverses parties de mes connaissances un ordre admirable, un enchaînement nécessaire qui me permettent d'en embrasser facilement l'ensemble. Loin que la conscience soit encore pour moi, de même que naguère, cette étrangère isolée au milieu de la nature, et qui me semblait égarée, perdue, je la vois au contraire devenue partie intégrante de cette même nature. Elle ne m'en semble plus qu'une modification nécessaire. Je vois la nature elle-même s'élever successivement, et de degré en degré dans l'échelle de ses créations variées. Dans la matière inerte, elle ne présente que l'être à l'état de passivité; dans la matière organisée, dans la plante et l'animal, elle est active, revenant en quelque sorte sur elle-même pour se travailler plus intimement et se produire au dehors par l'organisme et le mouvement; puis enfin, au dernier degré de ce retour en soi-même, arrivée à sa création la plus sublime, à l'homme, elle s'arrête à se contempler; elle se dédouble pour ainsi dire, et dans un même être se trouvent unis, posés en face l'un de l'autre, l'être et la conscience de l'être.

De ce point de vue, il est facile d'apercevoir comment il m'est possible de savoir mon être, et les modifications de mon être; l'existence et la science ont en moi un seul et même fondement, ma nature. L'être n'a besoin que d'être pour se savoir; et quant à la conscience que j'ai des choses hors de moi, il n'est pas plus difficile d'en rendre compte. Les forces de la nature dont le concours constitue mon individualité, la force d'organisation, la force motrice, la force pensante, ne sont pas tout entières en moi; je n'en recèle qu'une portion de chacune; la raison en est que hors de moi elles se manifestent par d'autres êtres animés. Or, puisque cette portion qui s'en trouve en moi est limitée, il faut bien que quelque chose la limite. Si je ne suis ni ceci ni cela, bien que ceci ou cela appartiennent aussi au vaste ensemble des êtres, c'est que ceci ou cela sont des choses hors de moi; c'est ce que conclut la nature qui pense au dedans de moi. C'est donc seulement de ma propre limitation que j'ai la conscience immédiate. Il le faut bien, puisque c'est par elle que j'ai commencé d'être, et que c'est seulement au moyen d'elle que j'arrive ensuite à la conscience de ce qui me limite; cette seconde sorte de conscience dérivant toujours de la première.

Arrière donc toute croyance à une prétendue influence, à une action supposée des choses extérieures sur moi, au moyen desquelles elles verseraient, pour ainsi dire, en moi une connaissance d'elles-mêmes qu'elles n'ont pas. La raison qui fait que je perçois les choses extérieures n'est pas hors de moi, mais bien en moi : elle se trouve dans ma propre limitation. Au moyen de cette limitation, la nature pensante en moi sort, pour ainsi dire, d'elle-même, et peut se contempler dans le tout, se voyant dedans la conscience de chaque individu sous un point de vue particulier.

C'est aussi de la même façon que naît en moi la notion des êtres pensans, mes semblables. Je pense, ou pour mieux dire la nature pense en moi, et les notions qui se trouvent dans mon intelligence sont de deux sortes : les unes se rapportent à des modifications naturelles de mon être lui-même; les autres n'ont pas ce caractère. Les premières sont une sorte de tribut que je suis tenu de verser au trésor de la pensée universelle; les secondes ne se rapportent aux premières que par induction, ce qui me fait inférer que ce n'est pas en moi qu'elles existent, mais dans d'autres êtres pensans : en un mot, ce n'est qu'en raison de ce qu'elles sont que je puis conclure l'existence des êtres pensans. Si en effet, au dedans des limites de mon individualité la nature a conscience d'elle-même dans son universalité, c'est seulement à la condition qu'elle prend pour point de départ la conscience individuelle. C'est seulement en partant de ce point, et au moyen de l'application constante du principe de causalité, qu'elle peut parvenir à la conscience universelle. Mais ce but, elle l'atteint nécessairement, elle le rencontre inévitablement au bout de ses efforts pour déterminer l'ensemble des conditions qui sont nécessaires à la possibilité de l'organisation, du mouvement et de la pensée qui constituent ma personnalité. Le principe de causalité est donc un point de contact entre l'individu et l'univers. C'est par-là que la nature va de l'un à l'autre. Mes connaissances ont pour objet ce qui relativement à moi est en-deçà ou au-delà de ce point; en-deçà leur caractère essentiel, indélébile, est l'intuition; au-delà, l'induction.

De la conscience de chaque individu la nature se contemplant sous un point de vue différent, il en résulte que je m'appelle moi et que tu t'appelles toi. Pour toi je suis hors de toi, et pour moi tu es hors de moi. Dans ce qui est hors de moi, je me saisis d'abord de ce qui m'avoisine le plus, de ce qui est le plus à ma portée; toi, tu fais de même. Chacun de notre côté, nous allons ensuite au-delà. Puis, ayant commencé à cheminer ainsi dans le monde de deux points de départ différens, nous suivons, pendant le reste de notre vie, des routes qui se coupent çà et là, mais qui jamais ne suivent exactement la même direction, jamais ne courent parallèlement l'une à l'autre. Tous les individus possibles peuvent être; par conséquent aussi tous les points de vue de conscience possibles. La somme de ces consciences individuelles fait la conscience universelle; il n'y en a point d'autre. Ce n'est en effet que dans l'individu que se trouvent à la fois la limitation et la réalité.

Le témoignage de la conscience est donc nécessairement infaillible dans l'individu. Si, en effet, la conscience est bien telle que nous l'avons décrite, si les modifications de toute conscience individuelle ne sont en même temps que des modifications de la conscience universelle, comme la nature ne peut se trouver en contradiction avec elle-même, il faut bien qu'à toute représentation se manifestant dans l'intelligence corresponde un objet extérieur. L'objet et la représentation de l'objet ont une même source et naissent au même instant.

Dans l'individu la conscience est entièrement déterminée par la nature intime de l'individu. Il n'est donné à personne de savoir autre chose que ce qu'il sait. Il ne pourrait pas davantage savoir les mêmes choses d'une autre façon qu'il ne les sait. L'étendue de nos connaissances est déterminée pour chacun de nous par le point de vue d'où nous contemplons l'univers; et leur clarté, pour ainsi dire, le degré de vivacité avec lesquelles elles se manifestent à notre esprit, est proportionné à l'énergie déployée en nous par la force extérieure. Ici encore, en raison de l'enchaînement nécessaire des choses, donnez à l'intelligence dirigeant l'univers une des circonstances les plus insignifiantes qui puissent se rencontrer dans un individu, la courbure d'un muscle ou le pli d'un cheveu, et cette intelligence, si vous la supposez douée de la conscience d'elle-même dans son immensité, saura vous détailler une à une toutes les impressions qui se sont manifestées ou se manifesteront dans la conscience de cet individu.

Examinons maintenant ce qu'on appelle vouloir. Vouloir, c'est avoir la conscience immédiate d'une certaine activité, que développent au dedans de moi les forces de la nature que je recèle : la conscience immédiate de l'effort de l'une ou l'autre de ces forces pour se manifester, lorsque, par une raison quelconque, aucun effet ne s'ensuit, est le penchant, le désir; la conscience de la lutte de forces opposées, l'indécision; la conscience du triomphe de l'une ou l'autre, la résolution, la détermination. Alors, si les forces qui font effort et tendent à agir sont celles qui nous sont communes avec les plantes et les animaux, nous éprouvons au dedans de nous une sorte de dégradation intérieure. Il nous semble que nous soyons en quelque sorte entraînés au-dessous du rang qu'il nous est donné d'occuper dans la hiérarchie des êtres, par des désirs, des penchans vulgaires, ignobles, qui sont inférieurs à la dignité de notre nature, qu'on peut appeler bas, suivant une façon de parler ordinaire. Mais si c'est au contraire la force tout entière, essence, ame de l'humanité, qui demande à se développer dans son harmonieuse complexité, les désirs, les penchans qui se manifestent alors en nous sont d'accord avec notre nature intime; on peut fort bien dire d'eux qu'ils ont de la noblesse, de la dignité, de l'élévation. Cette force tend sans cesse à se manifester, et cette tendance à l'action est l'instinct moral avec lequel nous naissons tous. Les déterminations vertueuses, puis la pratique des vertus, sont les dégrés de son développement. Le désaccord, le manque d'harmonie entre nos forces de diverses sortes empêche, paralyse nos vertus. Le triomphe de celle de l'espèce inférieure est vice ou défaut.

Dans toutes circonstances, la force, qui demeure victorieuse, l'est nécessairement. Le rapport où elle se trouve avec l'universalité des choses exige ce triomphe. Ce même rapport détermine donc aussi nécessairement nos vices et nos vertus; chaque individu naît irrévocablement prédestiné aux unes ou aux autres. Donc aussi, de la courbure d'un muscle ou du pli d'un cheveu du premier homme venu, l'intelligence universelle saura vous dire tout ce que cet homme aura fait de bien ou de mal du moment de sa naissance à celui de sa mort. Pour cela, la vertu ne cesse pas d'être vertu et le vice d'être vice. Pour l'être nécessairement, l'homme vertueux et le méchant n'en sont pas moins, l'un une noble, et l'autre une haïssable et méprisable créature.

Magnifique et douloureux témoignage de la

noblesse de notre nature, le repentir n'en existe pas moins. Le repentir est l'amer sentiment qu'éprouve dans sa défaite l'humanité vaincue. C'est aussi la conscience de sa persistance dans un effort qu'elle sait pourtant devoir demeurer stérile. C'est en outre la source de cette conscience morale que nous voyons en tous les hommes, mais toujours à des degrés différens : chez les uns effacée, presque nulle; chez d'autres toujours visible, toujours brillante jusque dans leurs moindres actions. L'homme placé le plus bas, parmi les hommes, est celui qui est le moins capable de repentir, car en lui l'humanité manque de force pour combattre les désirs et les penchans qui le rapprochent des animaux. Nos forces s'accroissent, s'étendent par de fréquentes victoires. Elles s'énervent au contraire dans la défaite ou le repos. A la suite du vice ou de la vertu et leurs conséquences naturelles, je vois le châtiment ou la récompense : mais les idées de culpabilité ou d'imputabilité ne me semblent avoir de sens que dans leurs rapports avec la société. Celui dont les actes sont incompatibles avec l'ordre général, celui qui contraint la société à employer contre lui une partie de ses forces, celui-là est coupable. Il est justement puni; il y a lieu à lui imputer.

Me voilà au bout de mes recherches. Ma curiosité est satisfaite, je sais ce que je suis en général, et je sais aussi ce qui constitue les êtres de mon espèce : je suis la manifestation d'une force déterminée de la nature, manifestation déterminée elle-même par ses rapports avec l'universalité des choses. Je ne puis comprendre par leur cause les modifications qui surviennent en moi, car il ne m'est pas donné de pénétrer dans les mystères de ma propre nature; mais j'ai la conscience immédiate de ces modifications. Je suis parvenu à savoir ce que je suis dans l'instant actuel; je sais ce que j'étais avant cet instant, et je puis prévoir jusqu'à un certain point ce que je deviendrai.

Il ne saurait d'ailleurs me venir à l'esprit de vouloir faire de cette découverte aucun usage pour ma conduite. Comme je ne suis en aucune manière mon propre ouvrage, mais celui de la nature; comme, pour parler à la rigueur, ce n'est pas moi-même qui agis, que c'est elle qui agit en moi, je ne puis tenter de me faire en rien autre que ce qu'elle a voulu que je fusse, d'exécuter quelque autre chose que ce qu'elle veut exécuter par mes mains. Je peux me repentir de ce que j'ai fait, je peux m'en réjouir, je peux même dire que je prends de bonnes résolutions pour l'avenir, bien que, pour aller à la rigueur, il serait mieux de dire que c'est elle encore qui les prend en moi; mais il est certain que tout mon repentir du passé, toutes mes bonnes résolutions pour l'avenir, ne sauraient apporter le moindre changement à ce que la nature m'a prédestiné à faire ou à devenir. Je suis sous la main d'une inflexible, d'une inexorable nécessité.

Lui plaît-il que je sois un fou ou un méchant, je serai sans aucun doute un fou ou un méchant; lui plaît-il que je sois un homme sensé et un honnête homme, je serai de même sans aucun doute un homme sensé et un honnête homme. S'il lui plaît, ai-je dit? Mais cela n'est pas exact, car la nature obéit à ses propres lois, comme je lui obéis à elle-même. Ce qu'il y a de mieux à faire pour moi, étant à sa merci comme je le suis, est donc de lui soumettre aussi jusqu'à mes plus secrets desseins, jusqu'à mes pensées les plus intimes.

O désirs contradictoires! Pourquoi chercherai-je à me dissimuler plus long-temps l'étonnement, l'horreur, l'effroi dont je me suis trouvé saisi à l'aspect du résultat auquel je viens d'arriver? Si je m'étais solennellement promis de ne laisser à mes désirs les plus secrets, à mes penchans les plus intimes, aucune influence sur la direction que je comptais suivre dans mes recherches, j'ai tenu parole, je ne leur en ai laissé aucun au moins sciemment, de propos délibéré; mais je ne m'étais nullement promis de cacher les sentimens que ce résultat ferait naître en moi. Je puis donc avouer combien je me vois, en ce moment, trompé dans mes pressentimens secrets, déjoué dans mes espérances les plus chères. D'un autre côté, je sens dans l'intimité même de mon être que je ne puis réellement, malgré l'apparente certitude des preuves et leur tranchante rigueur, croire à une explication de moi-même qui attaque jusque dans sa racine ma propre existence, qui éloigne si cruellement de moi le seul but que je me proposasse dans la vie, sans lequel la vie me serait odieuse, insupportable.

D'où vient cela? d'où vient que mon cœur se trouble et se déchire à l'aspect des mêmes choses qui satisfont pleinement mon intelligence? Lorsque dans la nature tout est accord et harmonie, l'homme seul serait-il un composé de dissonances et de contradictions? ou bien tous les hommes ne sont-ils pas ainsi, et moi seul le suis-je? moi et ceux qui me ressemblent? Je ne le vois que trop; peut-être aurais-je dû continuer de cheminer dans la vie à travers les sentiers battus où j'ai d'abord marché long-temps. Peut-être ai-je eu tort de vouloir pénétrer dans les mystères mêmes de mon être pour tenter d'y aller surprendre un secret dont la connaissance devait me condamner à un malheur irréparable. Mais pourtant, s'il est vrai que ce secret soit bien réellement celui que j'ai découvert, était-il en mon pouvoir de m'en abstenir? N'est-ce pas la nature qui l'a voulu, et non moi? Dès ma naissance j'étais donc voué à la désolation. C'est en vain que je pleurerais la douce innocence d'esprit où j'ai vécu jusqu'ici, elle est perdue, perdue pour ne jamais revenir.

Néanmoins je reprends courage. Je ne m'abandonnerai pas moi-même. Il y a en moi certaines convictions instinctives qui me paraissent tellement saintes, tellement sacrées, qui se trouvent si profondément mêlées à ce qu'il y a de plus intime dans ma propre nature, qu'en leur nom, pour l'amour d'elles, je prétends protester contre les raisonnemens en apparence irréfutables qui les contredisent. Aussi bien ne serait-il pas impossible que j'eusse fait fausse route. Peut-être n'est-ce pas la vérité que j'ai vue; ou peut-être n'en était-ce qu'un côté. Je me remettrai donc à l'œuvre comme si de rien n'était. Mais cette fois, pour être plus certain de ne pas m'égarer, je déterminerai d'abord avec précision mon point de départ. — Parmi les révélations nouvelles que m'ont données sur moi-même et ma destination les raisonnemens qui précèdent, quelles sont celles qu'il m'a été le plus pénible de recevoir? A leur place qu'appelai-je de mes vœux secrets? C'est là-dessus, ce me semble, qu'il est nécessaire qu'avant tout je sache bien à quoi m'en tenir.

Or ce qui m'a révolté le plus profondément, ce qui m'a rempli d'un douloureux effroi, c'est sans contredit la pensée que c'est inévitablement que je suis prédestiné à être un honnête homme et un homme sensé ou bien un fou et un méchant, sans qu'il me soit possible de rien changer à ce décret du sort; que dans le premier cas je n'y ai aucun mérite, que dans le second je ne doive encourir aucun blâme; que toujours je ne sois que la manifestation passive d'une force en dehors de moi, manifestation qui se trouve à son tour déterminée dans cette force elle-même par d'autres forces en dehors d'elle qui lui sont étrangères. Il m'a été impossible de me contenter d'une sorte de liberté qui ne m'appartenait pas en propre, mais bien à une force en dehors de moi, qui, là même, n'existait que subordonnée à un grand nombre de conditions. Une liberté ainsi tronquée, mutilée, une demi-liberté, pour ainsi dire, n'était nullement ce qu'il me fallait; car ce que je veux, au-dessus de toutes choses, c'est d'être indépendant, d'être libre absolument. Je veux que ce que j'appelle moi, ce dont j'ai conscience comme de ma personne, ce qui pourtant, dans le nouvel ordre d'idées où je me suis égaré, ne serait plus qu'une simple manifestation d'une force supérieure à moi, soit au contraire quelque chose en soi et par soi. Je veux être la raison dernière de ce qui se passe en moi. Le rang que ce nouvel ordre d'idées a donné dans l'ensemble des choses aux forces primitives de la nature, je prétends l'occuper moi-même. Je veux manifester dans le monde, et d'une infinité de façons, la force intérieure que je recèle dans mon sein. Dans ses actes visibles, cette force pourra bien se manifester toute semblable aux autres forces de la nature; néanmoins, entre elle et ces dernières, il y aura pourtant cette différence essentielle : c'est que la raison de ses manifestations extérieures se trouvera en elle-même, nullement, comme pour les autres forces de la nature, dans les circonstances extérieures, les conditions étrangères à elle au milieu desquelles elle aura été appelée à agir. Mais où sera le siége, le centre de cette force du moi? Évidemment ce ne sera pas dans mon organisation matérielle, car je suis assez porté à ne voir dans cette organisation que la simple et passive manifestation d'une force de la nature: ce ne sera pas non plus dans mes instincts, mes penchans sensibles, car ces derniers ne me semblent autre chose que des formes variées sous lesquelles cette force se révèle à ma conscience. Reste donc seulement ma pensée, ma volonté pour les seuls siéges possibles de cette force. Je me choisirai un but dans le plein usage de ma liberté. Je voudrai ensuite conformément à ce but; ma volonté, indépendante de toute influence étrangère, mettra en mouvement mon organisation matérielle, par suite ce qui m'entoure; et les forces de la nature qui participent à mon existence obéiront à la puissance de ma volonté et n'obéiront qu'à elle seule. Voici comment, ce me semble, les choses doivent se passer.

Il existe un bien absolu. Le chercher, le trouver, le reconnaître quand je l'ai trouvé, tout cela ne dépend que de moi. J'ai le pouvoir de le faire. La faute en est donc à moi seul, si je n'y réussis pas. Ce bien, je dois le vouloir absolument, parce que j'en ai la volonté; volonté d'où dérivent tous mes actes, source unique dont ils puissent dériver, car aucun de mes actes ne saurait être déterminé par une autre force que ma volonté. C'est seulement sous l'impulsion de cette volonté, et continuant à demeurer sous son empire, que je mets la main sur la nature; mais, en revanche, c'est pour m'en faire alors le seigneur et le maître, c'est pour lui commander comme à mon esclave. A la domination que je m'arroge sur elle, je ne reconnais d'autres limites que celles de mes propres forces; mais elle, je la condamne, vis-à-vis moi, à la nullité la plus complète.

C'est là du moins l'objet de mes désirs; c'est là ce que je n'ai jamais cessé de vouloir par mes sentimens intimes. Dans les deux ordres d'idées que je viens de parcourir, il en est un où je suis indépendant de la nature entière, où je suis indépendant de toute loi que je ne me suis pas imposée moi-même; dans l'autre, au contraire, je ne suis dans la chaîne immense de la nature qu'un anneau inévitablement fixé à la place qu'il occupe. Mais la liberté, telle que je la désire, existe-t-elle vraiment hors de mon intelligence, ou bien n'aurait-elle au contraire qu'une réalité logique? serait-elle seulement la dernière conclusion d'une longue série de raisonnemens que j'aurais été forcé de parcourir, et à laquelle rien ne m'autoriserait à attribuer une véritable existence, à supposer en moi comme un attribut réel? L'échafaudage d'idées que je viens d'élever se trouverait alors renversé de fond en comble. Ce sujet mérite examen.

J'ai dit que je prétendais être libre; par-là

j'ai entendu que je voulais me faire moi-même, me façonner, en quelque sorte, de mes propres mains tel que je voulais être. Pour cela, bien que la chose paraisse étrange au premier coup d'œil, je dois commencer par avoir été en quelque sorte avant d'être, par avoir été sous un certain rapport tel que plus tard je serai devenu, tel que plus tard je me serai fait. Il faut qu'il y ait en moi deux manières d'être distinctes, deux sortes d'existence dont la première contienne la cause, soit le fondement de la seconde. Si, en effet, j'étudie ce qui se passe en moi dans l'acte de vouloir, voici ce que j'aperçois : dans mon intelligence sont plusieurs manières d'agir possibles, plusieurs actions non réalisées; j'en parcours le cercle tout entier; puis, après les avoir analysées une à une, comparées les unes aux autres, je finis par en chosir une, par la vouloir; puis enfin cette détermination de la volonté ne tarde pas à être suivie d'un acte extérieur qui lui correspond. J'ai donc commencé par être d'abord dans ma pensée tel qu'ensuite je suis devenu dans la réalité. Je me pense d'abord tel que je me ferai plus tard. Je me fais moi-même, mon être par ma pensée, ma pensée par ma pensée. On peut supposer à la vérité que chaque produit d'une des forces primitives de la nature, une plante par exemple, avant d'être devenue telle que je la vois actuellement, s'est trouvée aussi dans une sorte d'indétermination : on peut admettre encore qu'à cette indétermination pouvait succéder un grand nombre de manières d'être déterminées; qu'abandonnée à elle-même, la plante aurait pu suivre indifféremment les unes ou les autres; mais toutes ces diverses manières d'être n'avaient d'autre cause que la nature même de la plante; elles étaient dans la plante sans être pour la plante. Parmi elles, la plante ne pouvait faire un choix; ce n'était pas à elle, mais au contraire à des causes en dehors d'elle, qu'il était réservé de mettre un terme à l'état d'indétermination où elle se trouvait. Elle n'a par conséquent préexisté d'aucune façon à ce qu'elle est; elle n'a en un mot qu'une manière d'être possible, l'existence réelle. C'est peut-être parce que j'avais fréquemment observé cela que je me suis trouvé conduit à affirmer, il n'y a qu'un instant, que la manifestation extérieure d'une force quelconque était nécessairement déterminée par des causes en dehors de cette force. En le disant, j'étais sans doute préoccupé de l'idée des forces auxquelles appartient un seul mode de manifestation. Je pensais aux êtres qui n'ont que l'existence, auxquels la conscience est refusée. Ce que j'ai dit est vrai en effet de ceux-là, dans toute l'étendue du mot, mais ne l'est nullement de ceux doués d'intelligence.

C'est à ces derniers en effet, et à eux seuls, que convient ou plutôt qu'appartient nécessairement la liberté telle que je l'ai définie. Cette supposition n'en rend pas plus difficile à comprendre l'homme et la nature. En l'admettant pour vraie, mon organisation matérielle et la puissance que j'ai d'agir dans le monde extérieur n'en demeurent pas moins, de même que dans la supposition précédente, des manifestations de certaines forces de la nature; mes instincts et mes penchans physiques n'en sont pas moins de simples apparitions de cette force dans le domaine de ma conscience. Dans ce système, il en est aussi, de celles de mes notions intellectuelles qui se forment en moi sans ma participation, absolument de même que dans le précédent. Jusque-là tous deux marchent donc d'accord; mais voici le point où commence leur opposition. Dans l'un de ces systèmes, j'admets que les organes au moyen desquels je me manifeste extérieurement, une fois mis en mouvement par les forces de la nature, continuent de subir l'empire de ces forces; la pensée n'est là que simple spectatrice de l'acte; et dans l'autre, je suppose, au contraire, que l'organisation matérielle ne cesse pas un instant d'être sous l'empire, de subir l'influence d'une force supérieure à toutes les forces de la nature, indépendante des lois qui les régissent, et que nous appelons la volonté. Ici la pensée n'est plus seulement spectatrice de l'acte. Loin de là, elle l'engendre, le produit. Dans le premier de ces systèmes, c'est une puissance mystérieuse, invisible pour moi, qui met un terme à mon irrésolution, détermine ma volonté et la fixe sur un objet, puis m'en donne la conscience. Je n'ai pas là, en réalité, d'autre existence que celle de la plante ; mais, au lieu de cela, dans le second, c'est moi, moi seul, qui, dans l'indépendance absolue de toute influence étrangère, mets un terme à mon irrésolution; c'est moi qui, au moyen de la connaissance raisonnée que j'ai du bien, me décide pour un parti définitif.

Il ne m'est pas possible néanmoins de donner à l'un ou à l'autre une préférence exclusive. Je ne puis réellement voir en moi ni un être tout-à-fait libre, existant par soi-même, ni la simple et passive manifestation d'une force étrangère. En faveur de la première hypothèse, je ne vois autre chose que la sorte d'attrait que je trouve à l'imaginer, et pour fonder la seconde, je dois avouer que j'ai peut-être donné plus de portée qu'il n'en devait avoir à un principe vrai par lui-même, mais dont j'ai étendu les conséquences au-delà des limites où elles demeurent légitimes. Que l'intelligence soit réellement la manifestation d'une force de la nature, et tout ce que j'ai dit des forces de la nature sera vrai sans aucun doute de l'intelligence. Mais n'est-elle qu'une manifestation semblable? C'est ce qui n'est pas prouvé. C'est ce qui ne pourrait être déduit que de principes différens de ceux que j'ai posés. C'est ce qui, dans aucun cas, ne devait être admis comme une supposition servant de point de départ à mes recherches; car il est évident que, par le raisonnement, je ne pouvais ensuite tirer de cette supposition autre chose que ce que j'y avais d'abord mis. En un mot, aucun des deux systèmes ne porte sur des bases solides.

Entre eux, ma conscience immédiate est inhabile à décider, car je n'ai la conscience ni de ces forces étrangères sous l'empire desquelles je me trouve dans l'hypothèse de la nécessité, ni la conscience de cette autre force, de cette force qui m'est personnelle, en vertu de laquelle, dans l'hypothèse de la liberté, j'agis extérieurement. Quel que soit donc le choix que je ferai, ce choix sera spontané, absolu.

Au seul nom de la liberté, mon cœur s'épanouit. A celui de la nécessité, il se resserre douloureusement. Être là froid, inanimé au milieu des scènes variées de la vie, n'avoir d'autre mission dans le monde que de présenter un miroir impassible à de fugitives ombres.... cette existence m'est odieuse, insupportable. Je la déteste, je la maudis. Mieux encore, je prétends m'en affranchir. Je veux vivre par les facultés d'amour et de dévouement qui sont en moi. Je veux me mettre en sympathie avec moi d'abord, puis avec ce qui m'entoure. Je me prendrai donc, ou pour mieux dire, je prendrai mes propres actes pour l'objet le plus constant de cette sympathie. J'agirai toujours pour le mieux. Je me réjouirai lorsque j'aurai fait le bien, je pleurerai sur moi lorsque j'aurai fait le mal. Mais cette douleur elle-même ne sera pas sans charme, car j'y trouverai le gage d'un perfectionnement pour l'avenir. Là est vraiment la vie. La vie, c'est l'amour; hors de l'amour, c'est le néant, l'anéantissement.

La nécessité, je le sais, tourne en ridicule ce besoin d'aimer que j'éprouve. A l'entendre, je ne sais pas, je n'agis pas. Il n'y a pas de but dans ce monde à mes instincts les plus exquis, et celui que je leur avais donné n'était qu'une grossière illusion. Ce n'est pas moi qui agis, c'est une force étrangère qui agit en moi. Peu m'importe donc la façon dont elle agira. Je n'ai, moi, qu'à me mettre à l'écart, pour ainsi dire, de ma propre existence. Heureux encore, si je ne suis pas condamné à rougir trop souvent au nom de ce qu'il y a de plus noble dans ma nature! Ce qu'il y a en moi de vraiment saint, de vraiment sacré, est livré à une éternelle profanation.

Il est cependant probable que la raison qui m'avait porté à me croire libre, existant par moi-même avant que j'eusse commencé les recherches dont je recueille en ce moment les fruits amers, se trouvait dans cette sympathie pour moi, que je n'avais jamais cessé de ressentir, lors même que je n'en avais pas la conscience. Il est probable que c'est elle aussi qui m'avait fait admettre, comme une vérité démontrée, un système qui, après tout, n'a pour lui que le manque de preuves du système contraire. C'est encore elle enfin qui, sans aucun doute, m'avait tenu éloigné jusqu'à présent de la téméraire entreprise que je viens d'accomplir.

A cela, il est vrai, l'autre philosophie ne demeure pas sans réponse. Aride et désenchantée, elle n'en est pas moins inépuisable en raisonnemens, en explications. Elle se charge de m'expliquer jusqu'à l'éloignement qu'elle-même m'inspire, jusqu'à l'entraînement impérieux qui me pousse vers la liberté. Pour elle ma conscience immédiate n'a pas de secrets. Il n'est pas de faits cachés dans ses replis les plus mystérieux que je n'aille y chercher pour le lui objecter; que, s'en emparant, elle ne me dise aussitôt : cela est vrai, je le dis comme toi, et, de plus que toi, je dis pourquoi cela est. — « Lorsque tu te plains avec amertume de voir tes sentimens d'amour et de sympathie déjoués comme ils viennent de l'être, poursuit froidement l'impassible nécessité, c'est que tu te places au point de vue de ta conscience immédiate. Toi-même tu l'as d'abord confessé, puisque tu as commencé par dire que l'objet le plus constant de ces sentimens, ce devait être toi. Or, ce toi, cette personne que tu appelles toi, qui excite à un si haut degré toute ta sympathie, tu l'as déjà reconnu, ce n'est que la manifestation d'une force étrangère. C'est seulement en effet au moment où cette force étrangère, avant de se produire au dehors, revient sur elle-même à la façon d'un ressort, que tu as conscience de ta propre existence, que tu nais à ce monde. Eh bien! pendant ce reploiement de la force sur elle-même, il naît en elle une sorte de désir instinctif d'un développement libre qui ne soit contrarié par aucun obstacle extérieur. Ce désir instinctif se manifeste à la conscience; et cette même raison qui a fait que la force elle-même t'est apparue comme ta propre personne, te porte à voir dans le désir instinctif de cette force un sentiment qui t'est personnel. Tu l'appelles amour, sympathie; tu crois t'aimer toi-même, tu crois t'intéresser à tes actes. Mais sors des étroites limites de la conscience individuelle, porte les yeux sur l'univers entier, ose l'embrasser dans ta pensée, tu ne tarderas pas à voir qu'une vaine illusion t'a séduit. Tu comprendras facilement qu'il n'est pas vrai de dire que tu t'intéresses à toi, à ta propre personne; mais qu'il l'est seulement qu'une des forces de la nature prend, en toi, intérêt à son œuvre et à la conservation de son œuvre. N'en appelle donc plus à de prétendus sentimens d'amour et de sympathie. Tu n'as le droit d'en rien conclure, puisque tu n'as pas celui de les supposer. Comment pourrais-tu t'aimer, toi qui n'existes pas? Dans la plante, il y a aussi une sorte d'instinct, une sorte de ressort, si tu l'aimes mieux, qui la pousse à croître, à se développer; cela ne t'a pas empêché d'admettre que sa croissance et son développement étaient déterminés par des forces extérieures. Or, si la plante était douée de conscience, elle ne manquerait pas de reconnaître, dans la tendance vers un libre développement que manifesterait la force qu'elle recèle, les mêmes sentimens d'amour de soi, d'intérêt pour ses actes, que tu as cru éprouver; et si tu tentais ensuite de lui persuader que cette tendance intime n'a aucune influence sur ses développemens extérieurs, si tu lui disais que ces développemens sont déterminés jusque dans leurs moindres détails par des forces étrangères, la plante se refuserait à te croire : elle raisonnerait comme tu viens de raisonner. Cela pourrait peut-être être excusable en elle, pauvre plante! mais cela peut-il l'être en toi, le roi de la création; en toi dont la pensée est faite pour embrasser l'universalité des choses. »

La nécessité a dit vrai. A ce point de vue élevé d'où je vois l'univers à mes pieds, il n'est pas une seule de mes objections précédentes qui m'apparaisse encore. Le rouge me monte au visage d'avoir osé les produire. Mais suis-je donc inévitablement condamné à gravir cette hauteur? Pourquoi ne continuerais-je pas à demeurer dans le domaine de ma conscience immédiate? En d'autres termes, qui me contraint de soumettre mon sentiment intime à la science, plutôt que la science à mon sentiment intime? Prendre ce dernier parti, c'est sans aucun doute me mettre en mauvais renom parmi les gens qui se piquent de raisonnement. Opter pour le premier, c'est me vouer à une souffrance indicible en même temps qu'à une insupportable nullité. D'un côté, il s'agit de renoncer de moi-même à l'usage de ma raison, de me faire en quelque sorte insensé de propos délibéré; de l'autre, de briser tout mon être, de m'anéantir, pour ainsi dire, de mes propres mains. Comment me déterminer?

La liberté et la nécessité m'appellent tour à tour. Il faut que je me jette dans les bras de l'une ou de l'autre. Le repos de ma vie, que dis-je? ma vie elle-même, la réalité de mon existence, dépendent de ce choix. Je ne puis demeurer indécis; en même temps, pour comble de misère, aucun moyen ne m'est donné de sortir d'indécision.

Etrange et douloureuse perplexité où m'a précipité la plus noble résolution que j'aie prise de ma vie! Qui pourra m'en délivrer? Quelle puissance saura me sauver de moi-même?

LA SCIENCE.

De douloureuses angoisses remplissaient mon cœur; je ne cessais de maudire l'instant funeste où j'avais été appelé à une existence dont j'avais vu disparaître toute vérité, toute réalité. Mes nuits étaient agitées de songes pénibles. Du milieu du tortueux labyrinthe du doute, où j'errais avec anxiété, j'implorais un rayon de lumière qui pût m'aider à en sortir; mais je le cherchais en vain, m'égarant de plus en plus.

Ce fut alors qu'un jour, à l'heure de minuit, une apparition merveilleuse, devenue visible au milieu des ténèbres, s'avança vers moi et me parla de la sorte : Pauvre mortel, tu te crois sage, tu t'épuises à raisonner sans fin, mais tu trembles pourtant devant des spectres que tu as seul créés. Enhardis-toi ! oses m'écouter ! c'est alors que tu deviendras réellement sage. Ne crois pas, toutefois, que ce soit une science nouvelle que je t'apporte ; au contraire, ce que je viens t'enseigner tu le sais depuis long-temps, et je prétends seulement t'en faire souvenir. Je prétends aussi que toi-même sois de mon avis en tout ce que je te dirai. Ne crains donc point que je veuille t'induire en erreur ; si tu étais abusé, ce ne pourrait être que par toi seul. Reprends tes esprits, écoute, et réponds.

A ces dernières paroles l'assurance me revint. Puisqu'on en appelle à ma raison, me dis-je, qu'ai-je à craindre ? On ne peut penser pour moi, au dedans de moi ; ce sera donc moi, toujours moi qui penserai ce que j'aurai à penser. C'est moi qui serai l'artisan de ma conviction ; je la façonnerai, pour ainsi dire, de mes propres mains. Parle donc, être merveilleux, parle ! Qui que tu sois, je t'écouterai. Interroge, et je répondrai.

L'ESPRIT.

Admets-tu que ces objets que tu vois çà et là existent réellement hors de toi?

MOI.

Sans aucun doute, je l'admets.

L'ESPRIT.

D'où sais-tu qu'ils existent?

MOI.

Je les vois lorsque je les regarde, je les sens lorsque je les touche, je les entends lorsqu'ils rendent un son; ils se révèlent à tous mes sens.

L'ESPRIT.

Vraiment? C'est une opinion dont tu reviendras peut-être, que celle que tu vois, que tu touches, que tu entends les objets. Néanmoins, jusqu'à nouvel ordre, je parlerai ta langue; je m'exprimerai aussi comme si réellement tu percevais ces objets au moyen de tes sens. Commençons même par le supposer. Je te demanderai seulement si tu ne les perçois pas de quelque autre façon; en d'autres termes, s'il n'y a pas pour toi d'autres objets que ceux que tu vois, touches ou entends.

MOI

Je n'en connais pas d'autres.

L'ESPRIT

Les objets hors de toi n'existent donc pour toi qu'à la suite de certaines modifications survenues dans tes organes de la vue, du toucher, etc. Lorsque tu affirmes qu'il y a des objets hors de toi, n'est-ce pas comme si tu disais que tu vois, que tu touches, que tu entends?

MOI

C'est en effet mon opinion.

L'ESPRIT.

Bien; mais d'où sais-tu que tu vois, que tu touches, ou entends?

MOI

Je ne comprends pas; cette question me semble bizarre.

L'ESPRIT

Je vais la rendre plus claire : vois-tu ta vue? touches-tu ton toucher? en un mot, as-tu quelque sens intérieur plus subtil, d'ordre plus relevé que tes sens extérieurs, au moyen duquel tu puisses percevoir ces derniers et leurs modifications?

MOI.

Je ne me connais aucun organe de cette nature. Je vois, je touche, je vois ceci ou je touche cela; ce que je suis immédiatement, absolument, je le sais parce que cela est, par conséquent sans qu'il soit besoin d'un sens intermédiaire entre ma sensation et la conscience que j'en ai. C'était même parce qu'elle semblait mettre en doute que j'eusse cette sorte de conscience immédiate de ma sensation que ta question de tout à l'heure me semblait singulière.

L'ESPRIT

Ce n'était pas mon intention; je voulais seulement te mettre à même de t'expliquer clairement à toi-même la notion que tu te fais de l'activité immédiate de ta conscience. Tu as, dis-tu, immédiatement conscience que tu vois, que tu touches?

MOI

Oui.

L'ESPRIT.

Que tu vois? que tu touches? Tu es par conséquent pour toi-même celui qui voit dans l'acte de voir, celui qui touche dans l'acte de toucher. Si tu as conscience d'une modification survenue dans un de tes organes extérieurs, celui de la vue par exemple, c'est en même temps d'une modification de toi-même que tu as conscience.

MOI.

Sans doute.

L'ESPRIT.

Tu perçois l'objet après avoir eu conscience d'une modification de ta vue et de ton toucher; mais ne pourrais-tu pas le percevoir sans avoir la conscience que tu le perçoives? Serait-il impossible que tu visses un objet ou entendisses un son tout en ignorant que tu vois, que tu entends?

MOI.

Nullement.

L'ESPRIT.

La conscience que tu as de toi-même et de tes propres modifications est donc la condition nécessaire de la conscience que tu as de toute autre chose. Si tu sais quelque chose, c'est à la condition d'abord de te savoir, puis de savoir ce quelque chose. Dans la conscience que tu as de l'objet, il n'y a rien qui ne soit d'abord dans la conscience que tu as de toi-même.

MOI.

C'est effectivement là ce que je pense.

L'ESPRIT.

Tu sais l'existence des objets parce que tu les vois, tu les touches; mais tu sais que tu les vois ou que tu les touches uniquement parce que tu le sais. Tu le sais immédiatement. En général, tu ne perçois pas du tout ce que tu ne perçois pas immédiatement.

MOI.

Je l'entends de la sorte.

L'ESPRIT.

Dans toute perception, tu ne perçois donc que toi-même, que ta propre manière d'être. Ce qui n'est pas dans ta perception tu ne le perçois pas.

MOI

C'est répéter ce que nous venons de dire.

L'ESPRIT

J'en conviens, mais je ne me lasserai pas de le répéter aussi long-temps qu'il me sera possible de croire que tu ne l'aies pas suffisamment compris. Il faut que cela demeure profondément gravé dans ton esprit. Peux-tu dire : J'ai conscience d'objets hors de moi?

MOI.

A le prendre à la rigueur, non, car la vue et le toucher ne sont qu'autant de moyens me servant à me mettre en rapport avec les choses. Ils ne sont pas ma conscience, mais seulement ce dont j'ai conscience. Peut-être devrais-je donc me borner à dire : J'ai conscience que je vois et que je touche des objets extérieurs.

L'ESPRIT.

N'oublie donc jamais ce qui en ce moment te paraît être si bien prouvé : c'est que, dans toute perception, c'est seulement ta propre manière d'être que tu perçois.

N'en continuons pas moins toutefois à parler ton langage; aussi bien c'est le plus ordinaire. Tu m'as dis que tu voyais, que tu touchais, que tu entendais les objets; mais comment? je veux dire avec quelles propriétés?

MOI.

Un objet est rouge, un autre est bleu; l'un poli, l'autre rude; celui-ci froid, celui-là chaud.

L'ESPRIT.

Tu sais donc ce que c'est que le rouge et le bleu, le rude et le poli, le froid et le chaud?

MOI.

Sans aucun doute.

L'ESPRIT.

Peux-tu me les décrire?

MOI.

Nullement. Mais, tiens! dirige tes yeux de ce côté, regarde l'objet qui s'y trouve, et l'impression que tu recevras en le regardant est ce que je nomme le rouge. Passe la main sur cet autre objet, et l'impression que tu recevras en le palpant est ce que j'appelle le poli. C'est de la sorte que j'ai appris moi-même à connaître les couleurs ainsi que le rude et le poli des surfaces; et je ne conçois pas d'autres moyens de l'apprendre.

L'ESPRIT.

De certaines propriétés que la sensation t'a fait connaître immédiatement en peux-tu faire dériver d'autres par le raisonnement? Un homme, par exemple, a vu du rouge, du vert, du jaune, jamais de bleu; il a goûté de l'aigre, du doux, du salé; cet homme pourra-t-il en raisonnant sur ces sensations arriver à connaître le bleu sans l'avoir vu, l'amer sans l'avoir goûté?

MOI.

Jamais. Ce qui est matière à sensation doit être senti, non pensé. La connaissance que j'en ai est immédiate et absolue, je ne la déduis d'aucune autre.

L'ESPRIT

Ceci devient singulier : tu te vantes de posséder certaines connaissances; puis, tu ne peux seulement pas dire comment il se fait que tu les possèdes? Cependant, puisque tu prétends voir un objet, en palper un autre, entendre les sons rendus par un troisième, tu devrais au moins, ce me semble, savoir discerner tes sensations de la vue de celles du toucher, puis ces deux sortes de sensation de celle de l'ouie.

MOI

Aussi le fais-je.

L'ESPRIT.

De plus, comme tu m'as dit que tu voyais un objet rouge, un autre bleu; que tu sentais celui-ci rude, celui-là poli; il faut encore que tu saches différencier le rouge du bleu, le rude du poli.

MOI

Sans doute.

L'ESPRIT.

Or, comment es-tu parvenu à savoir faire cette différence? as-tu comparé tes sensations entre elles, puis réfléchi sur ces comparaisons? ou bien serait-ce, par hasard, les objets extérieurs eux-mêmes que tu aurais comparés entre eux, que tu aurais mis pour ainsi dire à côté les uns des autres pour observer leurs différences sous le rapport de leurs couleurs, du rude ou du poli de leurs surfaces, et serais-tu parvenu de la sorte à connaître ce que tu sens en toi, comme le rouge ou le bleu, le rude ou le poli?

MOI.

Nullement. La perception des objets est pour moi la conséquence de la perception de ma propre manière d'être : elle est déterminée par celle-ci; mais la réciproque n'a pas lieu. Si je différencie les objets, c'est seulement parce que je différencie ma propre manière d'être. Je puis bien apprendre, par exemple, à attacher le signe arbitraire du rouge, ou celui du bleu, à telle ou telle sensation; mais je ne puis nullement apprendre comment ces sensations diffèrent les unes des autres en tant que sensations. Je sais qu'elles diffèrent parce que je me sais moi-même, parce que me percevant moi-même je ne me perçois pas identique à l'occasion des unes et des autres; mais pourquoi, comment elles diffèrent, c'est ce qu'il m'est impossible de savoir. En un mot, c'est mon sentiment intime différemment affecté qui m'enseigne que ma sensation subit des différences, mais qui me l'enseigne immédiatement. Je n'obtiens cette connaissance par aucun raisonnement. Je ne la déduis d'aucune autre connaissance.

L'ESPRIT.

Ces différences que tu perçois dans tes sensations, les perçois-tu indépendamment de toute connaissance des choses en elles-mêmes ?

MOI

Nécessairement; car la connaissance que je puis avoir des choses dépend elle-même de la perception des différences qui se trouvent entre mes sensations.

L'ESPRIT.

Elle t'est par conséquent immédiatement donnée par ton sentiment intime?

MOI.

Pas autrement.

L'ESPRIT.

Mais si cela est, d'où vient que tu ne te contentes pas de dire que tu te trouves affecté d'une certaine façon, que tu nommes le rouge ou le bleu, le rude ou le poli? D'où vient que tu ne laisses pas ces sensations où elles sont réellement, c'est-à-dire en toi? qu'au contraire tu les transportes à un objet hors de toi? que tu en fais des propriétés de l'objet, tandis qu'elles ne sont en définitive que des modifications de toi-même?

Ou bien, voyant un objet rouge ou le palpant poli, percevrais-tu par hasard quelque autre chose, sinon que tu es affecté de telle ou telle façon ?

MOI

Ce qui précède m'a démontré le contraire. Mais je n'en demeure que plus étonné de ce transport de ce qui est en moi à une chose hors de moi.

C'est en moi que je sens, non dans l'objet, car je suis moi, non l'objet; c'est par conséquent moi seul que je sens, ma propre manière d'être, non l'objet ou la manière d'être de l'objet. Il est donc bien certain que, si j'ai la conscience de l'objet, cette conscience n'est ni la sensation, ni la perception. Ceci me semble évident.

L'ESPRIT

C'est promptement conclure. Mais examinons la chose un peu plus à loisir. Il est important pour la suite de nos recherches que tu ne sois pas tenté de revenir plus tard sur ce que tu abandonnes si facilement en ce moment.

Dans l'objet, tel que tu le conçois ordinairement, y a-t-il quelque autre chose que sa couleur rouge ou bleue, que le rude ou le poli de sa surface, en un mot que les propriétés immédiatement perceptibles à la sensation ?

MOI.

Sans doute. Il y a, outre ces propriétés, la chose à laquelle elles appartiennent, qui en est le soutien, le support.

L'ESPRIT

Ce support, le perçois-tu au moyen de tes sens habituels, vue, ouïe, toucher, etc.? ou bien as-tu pour le percevoir quelque autre sens qui ne soit propre qu'à cela?

MOI.

Non; mais je pense que je le vois, que je le touche.

L'ESPRIT.

Vraiment. Tâchons donc de voir comment cela se fait. As-tu conscience de ta vue en général, ou bien de telle ou telle sensation de ta vue?

MOI.

De telle ou telle sensation.

L'ESPRIT.

Quand tu regardes l'objet que voici, quelle est cette sensation?

MOI

Celle du rouge.

L'ESPRIT.

Ce rouge est-il quelque chose de positif, une sensation simple, une manière d'être de toi-même déterminée?

MOI.

C'est du moins de la sorte que je le conçois.

L'ESPRIT.

Quand je dis qu'il est pour toi quelque

chose de simple, je veux dire que, considéré en toi-même comme ta propre impression, il n'a ni étendue, ni continuité, que nous pouvons le concevoir sous ce rapport comme un point mathématique. Est-ce ainsi que tu le comprends ?

MOI.

Précisément.

L'ESPRIT.

Et cependant ce rouge que tu as d'abord conçu seulement comme un point, tu l'étends sur toute une surface, lui donnant ainsi une étendue que tu n'as nullement perçue. Comment se trouve là cette surface ?

MOI.

Le fait est bizarre. Mais ne penses-tu pas qu'on puisse l'expliquer comme il suit ? Lorsque je parcours avec la main une surface quelconque, c'est au moyen du seul tact que je perçois cette surface que je ne vois pas; mais comme pendant la durée de cette perception subsiste toujours la sensation que m'a d'abord donnée la couleur de cette surface, j'étends sur toute la surface que je palpe le rouge que j'ai continué de voir.

L'ESPRIT.

L'explication est plausible si, comme tu parais le croire, tu palpes bien réellement la surface. Mais cela même n'a pas encore été soigneusement examiné. As-tu conscience de ton toucher en général ? touches-tu ton toucher ?

MOI.

Nullement; car toute sensation est nécessairement déterminée. Ce n'est pas d'une manière absolue qu'on voit, qu'on palpe, qu'on entend; mais on voit du vert, du rouge ou du bleu; on palpe du chaud, du froid, du rude ou du poli; on entend les sons du violon ou la voix de l'homme. Que cela soit convenu une fois pour toutes.

L'ESPRIT.

Volontiers. Mais, dis-le-moi, palpant cette

surface, que palpes-tu réellement? n'est-ce pas du rude, du poli, etc.?

MOI.

J'en conviens.

L'ESPRIT.

Pour toi qui les perçois, ce rude, ce poli, etc., ne sont-ils pas simples, ne sont-ils pas des points mathématiques de même que le rouge? Or, dans ce cas, n'ai-je pas aussi le droit de te demander à leur sujet pourquoi tu donnes de l'étendue à ce que tu perçois comme points?

MOI.

Le voici. La surface, au lieu d'être également unie sur toute son étendue, est parsemée d'aspérités. Ces aspérités, bien que je manque peut-être de moyens pour en percevoir les degrés divers, de termes pour les exprimer, j'en ai confusément conscience. Elles me mettent à même de discerner plusieurs parties dans la surface. Je lie ensuite entre elles, j'unis par la pensée ces parties éparses, et j'en fais une surface, une surface complète.

L'ESPRIT

Est-il possible que dans un même, un indivisible moment, tu sois affecté de deux façons distinctes? Deux sensations différentes peuvent-elles coexister en toi?

MOI

La chose est impossible.

L'ESPRIT.

Ainsi, comme ces inégalités dans le poli de la surface, auxquelles tu vas demander l'explication de ce qui est, peut être, inexplicable, différent entre elles; comme elles sont pour toi l'occasion de sensations diverses, il résulte de ce que tu viens de dire que ces sensations devraient se succéder en toi.

MOI.

Je ne puis le nier.

L'ESPRIT.

Comment se fait-il donc qu'au lieu de te représenter ces sensations comme successives, c'est-à-dire dans l'ordre où tu les éprouves réellement, qu'au lieu de te les représenter sous la forme de modifications qui se manifesteraient tour à tour en un même point mathématique (chose que tu fais d'ailleurs fort souvent), tu te les représentes au contraire sous la forme de modifications simultanées, coexistantes à la fois sur plusieurs points d'une surface?

MOI.

Ma supposition n'a rien éclairci. Écoute, cependant. Si je perçois la surface de l'objet, ne serait-ce pas parce que ma main avec laquelle je le perçois est elle-même une surface? Je perçois en outre cette surface comme plus grande que celle de ma main, parce que sans la quitter ma main peut changer plusieurs fois de place.

L'ESPRIT.

Ta main une surface?... Mais comment le sais-tu? par quelle voie arrives-tu à avoir conscience de ta main? N'est-ce pas seulement, ou bien, parce qu'elle est un instrument au moyen duquel tu perçois un objet, ou bien, parce qu'elle est un objet que tu perçois au moyen de quelque autre organe de quelque autre partie de ton organisme?

MOI

Tu l'as dit. J'ai conscience de ma main, parce que je palpe avec ma main un objet quelconque, ou bien parce que je la palpe elle-même avec une autre partie de mon corps. Mais la conscience que j'en ai ne saurait naître en moi de quelque autre façon, car cette conscience n'est point absolue, elle est toute semblable au contraire à la conscience que j'ai de ma vue ou de mon toucher.

L'ESPRIT.

Examinons d'abord le cas où ta main est

instrument. Dans ce cas, il entre, ce me semble, comme deux élémens dans la perception que tu en as : ce qui appartient au sens du toucher en général, puis ce qui appartient en propre à toi ou à ta main, lorsque c'est toi ou ta main qui vous trouvez être le touchant dans l'acte du toucher, le palpant dans l'acte de palper. Mais alors si tu n'éprouves qu'une seule sensation, une sensation isolée, simple, je ne comprends pas pourquoi tu étends cette sensation sur une surface entière, pourquoi tu ne te la représentes pas concentrée sur un seul point de cette surface; ou bien, si tu éprouves une sensation diverse, complexe, en un mot plusieurs sensations, je comprends encore moins comment tu ne places pas ces sensations diverses à la suite les unes des autres, comment enfin tu ne te les représentes pas comme se succédant les unes aux autres en un seul et même point.

La perception de ta main comme surface n'est-elle pas tout aussi inexplicable que la perception de toute autre surface? Quelle lumière ce fait obscur lui-même pourrait-il donc jeter sur les autres faits de même nature? Mais quant à ce qui se passe dans le cas où c'est ta main ou bien toute autre partie de ton corps qui se trouve être l'objet de la sensation, il est facile de le déduire de ce que nous venons de dire. Dans ce cas, en effet, ce sera nécessairement au moyen de l'un ou l'autre de tes organes où alors se passera la sensation que tu palperas ta main ou cette autre partie de ton corps. Or, comme je pourrai te faire au sujet de ce nouvel organe, avec tout autant de droit, la question que je t'ai déjà faite au sujet de ta main, puisque je n'ai rien dit de la surface de ta main que je ne puisse répéter de la surface de tes yeux, par exemple, il en résulte que tu te trouveras encore dans la même impossibilité de me répondre.

Il pourrait donc bien être que la conscience que tu as d'une étendue hors de toi ne fût autre que la conscience que tu aurais de ta propre étendue, en tant qu'être matériel. Mais nous aurions alors à nous expliquer ce qu'il convient d'entendre par l'étendue de ton être matériel.

MOI.

Assez. Il m'est devenu évident que je ne perçois d'aucune façon de l'étendue dans les propriétés des corps; que constamment j'ai étendu en tout sens ce qui dans la sensation n'occupait qu'un point; que constamment j'ai mis à côté les unes des autres les choses que les sensations me livraient les unes après les autres; car dans la sensation rien ne coexiste, tout se succède. Je vois enfin que mon procédé a été celui du géomètre qui construit ses figures en faisant sortir la ligne du point, la surface de la ligne. Mais cela me semble bien étrange.

L'ESPRIT.

Tu fais autre chose qui l'est bien davantage encore. Tu vois de la couleur rouge, tu palpes du rude ou du poli sur la surface des corps; mais elle, cette surface, tu ne la vois pas, tu ne la touches pas, tu ne la perçois, en un mot, d'aucune façon. Eh bien! tu t'en saisis pourtant; puis tu en fais sortir le corps mathématique absolument par le même procédé que tu as déjà tiré la surface de la ligne. N'admets-tu pas en effet que derrière la surface se trouve l'intérieur du corps? or, ce qui, relativement à toi, est au-delà de la surface, le perçois-tu par la vue, par le toucher, ou par quelque autre sens?

MOI.

Par aucun. L'espace au-delà de cette surface est invisible, impalpable pour moi, ne tombe sous aucun de mes sens.

L'ESPRIT.

Tu n'en crois pas moins cependant à ce corps intérieur?

MOI.

Je l'avoue. Mon étonnement redouble.

L'ESPRIT.

Sous quelle forme, de quelle façon conçois-tu ce qui est au-delà de cette surface?

MOI.

Comme chose semblable à cette surface, perceptible comme elle.

L'ESPRIT

Essayons de la définir plus exactement. Peux-tu diviser la matière dont tu crois les corps formés?

MOI.

A l'infini. Pas avec des instrumens, il est vrai, mais au moins par la pensée. Je ne puis même concevoir une portion de matière devenue assez petite pour n'être plus partageable.

L'ESPRIT.

Cette division s'effectuant te mènerait-elle à des parties de la matière que tu cesserais de concevoir visibles, palpables, perceptibles enfin en soi? Remarque que je dis en soi; car la question n'est pas de savoir si les parties de la matière cesseraient d'être perceptibles par les instrumens.

MOI.

Jamais.

L'ESPRIT.

Comment, de quelle façon conçois-tu que demeureraient perceptibles les parties les plus ténues de la matière auxquelles il te fût possible d'arriver? Le seraient-elles en général, d'une manière absolue? Le seraient-elles, au contraire, avec des propriétés déterminées, avec telle ou telle couleur, avec tel ou tel degré de rude ou de poli à leur surface?

MOI.

De la dernière façon. Il n'est aucune chose que je puisse concevoir, divisible ou palpable, en général, absolument. La vue et le toucher n'ont que des impressions particulières et déterminées.

L'ESPRIT.

Ce sont par conséquent les impressions de tes sens, tes propres impressions que tu étends sur toute la nature. La matière, elle, n'a pas pour toi d'autres propriétés que celle d'être perceptible. Elle est cela, et n'est rien autre chose. En serait-il autrement?

MOI.

C'est là la conséquence directe d'un principe déjà établi, d'une chose déjà convenue.

L'ESPRIT.

Il est bien entendu qu'au-delà de la surface tu ne perçois rien, tu n'as jamais rien perçu.

MOI.

Oui; mais si je la percevais, je percevrais quelque chose.

L'ESPRIT.

Tu le sais donc d'avance? T'est-il déjà arrivé d'exécuter cette division de la matière à l'infini, division dont le dernier terme ne saurait te conduire, selon ce que tu m'as dit, à des parties de la matière qui auraient cessé d'être perceptibles en soi? Pourrais-tu du moins l'exécuter?

MOI.

Cela m'est impossible.

L'ESPRIT

A une chose dont tu as eu la sensation tu unis donc toujours la notion d'une autre chose dont tu n'as pas eu la sensation?

MOI.

Je perçois la surface, non ce qui est au-delà. J'admets cependant qu'au-delà se trouve une chose perceptible... Tu as dit vrai.

L'ESPRIT

Tes perceptions réelles ne sont-elles pas d'ordinaire conformes à l'idée que tu t'en faisais d'avance? ne le sont-elles pas au moins en partie?

MOI.

Lorsque je perce la surface, je trouve effectivement au-delà ce que j'avais prévu devoir s'y trouver. Tu as encore dit vrai.

L'ESPRIT.

Dans ce cas, tu avais donc vu au-delà de ta perception? Il t'est donc possible d'aller par ta pensée à des choses où ne te conduirait jamais ta perception réelle?

MOI.

Je sais en effet que la division de la matière à l'infini ne me conduirait jamais à des parties de la matière qui cessassent d'être perceptibles en soi; et, je le sais, bien que je n'aie jamais exécuté cette division, bien qu'il me soit impossible de l'exécuter. Tu as encore dit vrai.

L'ESPRIT.

Tout cela admis, je ne vois plus dans l'objet que ce qui le rend perceptible, c'est-à-dire les propriétés de l'objet. Ce sont ces propriétés de l'objet que tu étends ensuite dans l'espace infini. Il pourrait donc bien se faire que ce vrai support des propriétés des choses dont tu t'enquérais il n'y a qu'un instant fût ce même espace.

MOI

Je ne puis l'admettre. C'est une conviction profondément enracinée en moi qu'outre ses propriétés, qu'outre l'espace qu'il occupe, il y a dans l'objet quelque autre chose, quoique je ne puisse dire en quoi consiste cette autre chose, quoique je sois de plus contraint de confesser qu'il ne se montre à moi aucun autre support des propriétés des choses que l'espace.

L'ESPRIT.

Continue tes aveux. La vérité se dégageant des ténèbres qui la couvrent encore ne tardera pas à se manifester.—L'espace, ce me semble, l'espace lui-même n'a jamais été compris dans aucune de tes perceptions. Tu ne t'es pas rendu compte ni de la façon dont il existe pour toi, ni de la raison pour laquelle tu as étendu dans son immensité la propriété d'être perceptible.

MOI.

J'en conviens.

L'ESPRIT.

Ton ignorance doit être probablement la même sur la manière dont tu es parvenu à connaître l'existence d'une propriété d'être perceptible hors de toi. Tu ne perçois en effet que tes propres perceptions; de plus, tu ne les perçois qu'en tant que modifications de toi-même, nullement en tant que propriétés des choses.

MOI.

J'en conviens encore. C'est moi seul, c'est ma propre manière d'être que je perçois, non l'objet ni la manière d'être de l'objet; lui, je ne le vois, ne le touche, ni ne l'entends. Il arrive au contraire que c'est là même où je devrais le rencontrer, et à l'instant précis où je devrais le percevoir, que, me trouvant tout à coup dépourvu de moyens de le faire, je n'ai plus ni vue, ni ouïe, ni toucher.

Il me vient toutefois un pressentiment : mes perceptions, en tant qu'elles sont mes propres affections, n'ont assurément aucune étendue; elles sont simples; elles ne coexistent pas dans l'espace, mais se succèdent dans le temps. Je les étends néanmoins dans l'espace. Ne serait-ce pas pendant cette extension, au moyen même de cette extension, que ma perception se transformerait en une chose perceptible? Ne serait-ce pas là le germe d'où se développerait ma conscience des objets extérieurs?

L'ESPRIT

Ce pressentiment, comme tu l'appelles, n'est pas dénué de toute vraisemblance. — Nous n'en serions cependant pas plus avancés que nous ne le sommes à présent si nous adoptions cette conjecture; car il nous resterait à nous expliquer comment tu étends dans l'espace tes propres perceptions, ou bien encore, si nous voulons énoncer la chose d'une autre manière, ou bien encore, dis-je, comment il se fait que ta conscience, qui, en réalité, n'est que la conscience de toi-même, sorte cependant des limites de ta personnalité pour adjoindre à une perception qui se passe bien réellement en toi une chose perçue et perceptible que tu ne perçois d'aucune façon.

MOI.

Le doux, l'amer, la bonne ou mauvaise odeur, le rude et le poli, le froid ou le chaud signifient ce qui existe en moi, telle ou telle sensation du goût, de l'odorat, du tact. Il en est de même des sons. Dans tout cela il s'agit toujours d'un rapport des choses à moi. Je n'ai jamais supposé que le goût de l'amer ou du sucré, qu'une odeur agréable ou désagréable fussent dans les choses: j'ai toujours, au contraire, cru qu'elles étaient en moi, ou les choses extérieures les provoquaient, les faisaient naître. Peut-être, à la vérité, serait-on enclin à penser, au premier coup d'œil, qu'il n'en est pas de même des sensations de la vue, car les couleurs paraissent appartenir bien réellement aux objets sur lesquels elles se montrent; cependant, lorsque j'examine la chose d'un peu plus près, je ne tarde pas à voir qu'il n'en est rien. Le rouge ou toute autre couleur ne sont, en définitive, que ce qui provoque en moi telle ou telle autre sensation de la vue.—Cette observation m'enseigne en outre le chemin par où je vais de moi aux choses extérieures.—Je sais absolument l'impression que j'éprouve. Je sais de plus que cette impression doit avoir une cause. Puis, comme je ne trouve pas cette cause en moi, je conclus immédiatement, spontanément qu'elle est hors de moi. Cette cause est ce que je nomme objet. On peut donc dire que l'essence, la nature de l'objet, c'est d'être ce qu'il faut qu'il soit pour produire en moi telle ou

telle impression. C'est là ce qui le constitue.
Si j'ai, par exemple, la sensation de l'amertume, il devra être tel qu'il puisse me donner cette sensation. Or, pour dire cela plus brièvement, je dirai de lui qu'il est amer. Voilà comment je me définis l'objet.

L'ESPRIT.

Il y a du vrai dans ce que tu viens de dire. Tout ce qu'on en pourrait conclure ne serait cependant pas également vrai. C'est ce que nous verrons plus tard. Pour le moment, comme tu viens d'énoncer un principe que tu sembles disposé à considérer à l'avenir comme incontestable, sur lequel tu parais résolu à t'appuyer dorénavant, il me semble à propos de l'examiner d'abord en détail, avec soin. Je veux parler du principe de causalité, car c'est le nom que je compte donner dorénavant à la proposition que tu as émise il n'y a qu'un instant, que tes impressions avaient nécessairement une cause. Pour cela, commençons, si tu le veux, par supposer parfaitement exact ce que tu viens de dire. Admettons que c'est au moyen d'un raisonnement dont tu n'as pas eu conscience que, remontant de l'effet à la cause, tu es arrivé à la notion de la chose, de l'objet. Mais, dis-le-moi, dans tes perceptions, de quoi as-tu conscience?

MOI.

D'être affecté de telle ou telle façon.

L'ESPRIT.

N'as-tu pas conscience de la chose même qui t'affecte?

MOI.

D'aucune façon. C'est chose déjà convenue.

L'ESPRIT.

Au moyen du principe de causalité, tu unis donc à une connaissance que tu as une autre connaissance que tu n'as pas?

MOI.

Tu t'exprimes d'une manière bizarre.

L'ESPRIT.

Il ne tiendrait peut-être qu'à moi de parler plus simplement. Au reste, n'attache aucune importance littérale aux mots que j'emploie; je ne veux pas te les imposer comme autant de formules où tu serais contraint d'enfermer tes propres idées; mon seul but est de reproduire à ton intelligence ce que je veux exprimer. Mais aussitôt que tu l'as nettement compris, que tu t'en es fortement saisi, tu peux ensuite employer les mots qui te plaisent le mieux pour rendre ta propre pensée. Quels qu'ils soient, tu te seras toujours convenablement exprimé; sois-en certain.

Comment et par où sais-tu tes propres affections?

MOI.

Il me sera peut-être difficile de trouver des paroles pour ma pensée. Je l'essaierai cependant. — Il naît en moi une affection. Ma conscience, en tant que subjective, en tant que modification de moi-même comme être intelligent, se porte aussitôt sur cette affection comme sur son objet immédiat. Il en résulte que toutes deux se trouvent instantanément unies, confondues; car ma conscience n'aurait pas existé pour moi si elle n'avait été éveillée, mise en jeu par cette affection. Je sais donc mes affections à la façon dont je me sais moi-même, par les mêmes moyens.

L'ESPRIT.

Donc aussi la conscience est un organe au moyen duquel tu peux saisir tes affections?

MOI.

Oui.

L'ESPRIT

N'as-tu pas de même un organe pour saisir l'objet?

MOI.

Aucun. Toi-même n'as-tu pas pris plaisir à me convaincre que je ne voyais ni ne touchais l'objet, que je ne le percevais par aucun sens?

L'ESPRIT

Cet aveu est important; prends garde d'avoir à le regretter. — En quoi consistent les sens extérieurs en général? Pourquoi leur donnerais-tu ce nom, s'il était vrai qu'ils n'eussent aucun rapport avec l'objet, s'ils n'étaient pas autant d'organes pour le saisir?

MOI

Pourquoi me fais-tu l'injure de supposer que je puisse me repentir d'un aveu qui aura pu me servir à trouver la vérité? N'est-ce pas la vérité que je cherche?—Si je différencie le vert et le sucré, le rouge et le poli, l'amer et l'odeur de la rose, le rude et le son du violon, c'est absolument, c'est parce que je les différencie. Mais il est de ces sensations que je perçois en même temps, identiques sous certains rapports, différentes sous d'autres. Le vert et le rouge, par exemple, ont entre eux certaine identité en tant que couleurs; il en est de même de l'amer et du sucré, comme objets des sensations du goût; de même aussi du rude et du poli, comme sensations du tact. Percevoir ce qu'un certain nombre des objets de sensation ont entre eux d'identique, c'est ce que j'appelle voir, toucher, goûter. Or, comme c'est toujours du rouge et du vert qu'on voit, du rude et du poli qu'on touche, de l'amer ou du sucré qu'on goûte; comme ce n'est jamais d'une manière générale qu'on voit, qu'on touche ou qu'on goûte, il en résulte qu'on ne peut pas dire que voir, toucher ou goûter soient des sensations réelles : ce sont des sensations qui ont plus d'étendue, plus de généralité que les sensations réelles; ce sont des espèces de sensations constituant un système de classe qui embrasse l'ensemble même de nos sensations. Je n'en puis éprouver une seule que je ne la range immédiatement dans l'une ou l'autre classe de ce système. Leur classement ne dépend d'ailleurs nullement de ma volonté; il ne se fait pas d'une manière arbitraire. Toute sensation que j'éprouve me fait connaître au contraire, à l'instant même où je l'éprouve, celle des classes du système à laquelle elle appartient nécessairement, inévitablement. Bien loin donc que je veuille revenir sur l'aveu que je t'ai fait, je suis prêt au contraire à répéter que je ne suis pas fondé à admettre que j'aie des sens extérieurs. J'ai pris pour tels de simples modifications de mon sens intérieur. Je ne puis concevoir à la vérité comment je lui ai donné ce nom, comment cette erreur s'est faite, ou, pour mieux dire, comment je l'ai faite; mais, quoi qu'il en soit, je le répète, je n'ai aucun organe pour saisir l'objet.

L'ESPRIT

Tu ne cesses cependant de parler des objets comme si réellement tu les connaissais, comme si tu avais un organe pour les connaître.

MOI.

Il est vrai.

L'ESPRIT

Si tu le fais, n'est-ce pas en conséquence d'une connaissance réelle que tu te trouverais en avoir, connaissance pour l'acquisition de laquelle tu as un organe spécial?

MOI.

D'accord.

L'ESPRIT.

Remarque bien que j'ai parlé d'une connaissance réelle. Il est en effet de toute évidence que la connaissance de tes propres affections qui se trouve être le résultat d'une autre connaissance serait insuffisante pour cela. Or, cette nouvelle connaissance, tu ne peux pas la concevoir comme une connaissance qui serait à toi tout naturellement, qui t'appartiendrait bien en propre, puisqu'il n'en est rien, puisqu'en réalité tu ne la possèdes pas, puisque tu ne peux seulement la concevoir; comme une connaissance à laquelle tu aurais des droits incontestables, et dont la possession ne saurait t'échapper, si tu ne te trouvais dénué d'un organe pour l'acquérir. Tu sembles raisonner de la manière suivante : Je ne sais assurément rien des choses; cependant les choses existent. S'il ne m'était refusé de les voir, je les verrais à coup sûr telles ou telles. Aux organes que tu as tu ajoutes par la pensée un autre organe que tu n'as pas; puis, au moyen de ce nouvel organe, tu te saisis ensuite, en imagination, des choses. Nous ne nous trouverions donc pas suffisamment fondés, si nous voulions parler à la rigueur, à affirmer que tu as conscience des choses, mais seulement que tu as la conscience d'une conscience des choses; sorte de conscience dont t'a doué le principe de causalité, en te donnant les moyens de sortir des étroites limites de ta conscience immédiate. Tout cela ne suffit-il pas à te convaincre qu'il est bien vrai qu'à une connaissance que tu as tu unis sans cesse une autre connaissance que tu n'as pas?

MOI.

J'en conviens.

L'ESPRIT.

Eh bien! pourvu que tu veuilles y consentir, nous appellerons à l'avenir médiate la connaissance que tu ne peux posséder qu'à la condition qu'elle soit précédée par une autre connaissance ; nous nommerons au contraire immédiate la connaissance qui ne sera pas soumise à cette condition.

Une école de philosophie donne le nom de synthèse au procédé intellectuel que nous venons d'observer : ce procédé diffère néanmoins de la synthèse ordinaire. Lorsque tu l'emploies, ce n'est pas en effet, de même que dans celle-ci, deux termes préexistans au lien que tu établiras entre eux que tu cherches à unir, à lier. L'un des termes est au contraire seul donné. Puis à celui-ci tu en rattaches un autre qui n'apparaît qu'à l'instant même où cette liaison doit s'opérer, et pour qu'elle puisse s'opérer.

C'est donc d'abord de ta propre existence que tu as conscience. Tu commences par te trouver toi-même; tu passes ensuite aux choses extérieures.

MOI.

Je n'admets pas néanmoins cette succession dans le temps. C'est dans un même, un indivisible moment que j'ai conscience de moi et des choses.

L'ESPRIT.

Ce n'était pas non plus d'une succession dans le temps que je voulais parler. J'avais uniquement pour but de te faire remarquer que s'il t'arrive de vouloir établir quelque distinction entre ces deux choses, la conscience que tu as de toi-même, et la conscience que tu as des choses extérieures; que si tu veux te rendre compte des rapports où elles sont entre elles, tu trouves que la première est la condition nécessaire de la seconde. Il en est une que tu ne peux concevoir sans avoir commencé par admettre l'autre. Mais la réciproque n'a pas lieu.

MOI.

Cela étant, j'accorde volontiers ce que tu voulais dire. Pour mieux dire, je l'avais déjà accordé.

L'ESPRIT.

Tu crées donc, pour le répéter une dernière fois, ta conscience des choses extérieures; tu l'enfantes par un acte libre de ton intelligence. N'est-ce pas là ta pensée?

MOI.

J'ai pris soin de le dire moi-même. A la conscience que j'ai d'abord trouvée en moi j'ajoute une autre sorte de conscience; je complète, je double par-là ma conscience réelle. En le faisant, je fais acte d'intelligence. Cependant au moment même où je laisse échapper cet aveu, il s'en faut de peu que je ne veuille le reprendre. Je remarque en effet que si je compose une notion générale de ce que je prends çà et là dans plusieurs notions particulières, que si je me détermine pour une résolution définitive après avoir hésité entre des résolutions diverses, que s'il m'arrive enfin de faire un acte quelconque d'intelligence, j'en ai immédiatement conscience. Je n'ai au contraire aucunement conscience de l'acte intellectuel au moyen duquel je tire la notion de l'objet.

L'ESPRIT.

D'accord. Mais si tu as conscience de tes actes intellectuels, n'est-ce pas seulement au cas où ils mettent un terme à une sorte d'incertitude, d'indécision, dont tu as aussi la conscience? Or, ici, nulle incertitude, nulle indécision. L'intelligence n'a point à délibérer sur l'objet qu'elle donnera à la sensation. Cet objet vient s'offrir à elle immédiatement. Cette différence peut même s'exprimer dans le langage philosophique. On s'y sert du mot de liberté pour désigner la faculté que nous avons d'agir avec conscience de l'acte exécuté, et du mot de spontanéité pour désigner cette autre faculté que nous avons d'agir sans conscience de ce que nous faisons. Remarque bien d'ailleurs que je ne te suppose aucunement doué de la faculté d'avoir conscience de tes actes intellectuels, en tant qu'actes. Je prétends seulement qu'il t'est toujours possible de savoir dans tous les cas, au moyen de la réflexion, ce que tu as exécuté. Au moyen de la reflexion, ai-je dit, nous verrons en effet plus tard qu'il y a des obstacles à ce que tu aies la conscience immédiate de ton activité. En attendant, il sera mieux, pour peu que tu y consentes, de cesser de prendre le mot penser, comme nous l'avons fait jusqu'à présent, dans le sens vulgaire, afin de le consacrer uniquement à exprimer l'acte que tu exécutes lorsque tu opères, au moyen de la réflexion, sur ce qui se passe dans ton intelligence. Nous dirons aussi de la pensée qu'elle est spontanée. Cela la différenciera de la sensation, qui est toujours passive, qui n'est autre chose qu'une simple réceptibilité.

Nous avons déjà reconnu qu'à une sensation qui se passe en toi, que tu sais réellement, tu unis toujours un objet extérieur dont tu ne sais absolument rien. Mais répète-moi, je te prie, comment tu conçois que se fasse la chose?

MOI.

Je me suis dit que mes sensations devaient avoir une cause; puis j'ai tiré tout aussitôt la conséquence du principe.

L'ESPRIT

Qu'entends-tu par cette expression : une cause?

MOI.

Une chose modifiée ne peut s'offrir à moi

que je n'admette aussitôt qu'elle n'a pas toujours été telle, qu'elle l'est devenue. J'admets en outre que c'est une force étrangère à la chose, en dehors de la chose, mais me paraissant cependant contenir la cause de la chose et de ses modifications, qui l'a faite ainsi. Quand je dis que mes sensations doivent avoir une cause, c'est donc comme si je disais qu'elles sont produites en moi par une force étrangère.

L'ESPRIT.

Cette force étrangère s'unit dans ta pensée à une sensation dont tu as immédiatement conscience. De là résulte pour toi la représentation de l'objet. Or, donne quelque attention à l'observation suivante.—S'il est vrai que ta sensation doive avoir une cause, j'admets comme tout-à-fait légitime la conséquence que tu as tirée de ce fait. Je te trouve pleinement en droit d'affirmer l'existence des objets extérieurs, bien qu'il soit constant que tu ne saches rien de ces objets, bien que tu ne puisses même en rien savoir. Mais d'où sais-tu que tes sensations doivent avoir une cause? Comment t'y prendras-tu pour le prouver? Ou bien, si je consens à m'en tenir aux expressions plus générales que tu as employées, d'où vient, pourrais-je dire, qu'il ne saurait te suffire de connaître une chose et ses modifications? Qui t'amène toujours, qui t'amène inévitablement à supposer sans cesse, d'abord que cette chose soit devenue ce qu'elle est, puis ensuite que c'est par l'influence d'une force étrangère qu'elle le soit devenue? Je remarque en effet que cette supposition a toujours été ton point de départ.

MOI

Je l'avoue; mais je ne pourrais faire que cela ne fût pas. Je le sais, à ce qu'il paraît, immédiatement.

L'ESPRIT

Tu le sais immédiatement... Au fait, il ne serait peut-être pas impossible que ce fût là la seule réponse faisable à toutes les questions que nous agitons en ce moment. Cependant cherchons d'abord quelques autres explications de cette proposition à laquelle tu reviens si souvent, si complaisamment, à celle-ci : Tout ce qui existe doit avoir une cause.

Est-ce par une perception immédiate que tu le sais?

MOI.

Non certes. Ma perception immédiate m'apprend seulement ce qui se passe en moi; à proprement parler, comment je suis modifié; mais elle ne m'enseigne d'aucune façon que la modification de moi-même, dont elle me donne conscience, a dû devenir ce qu'elle est sous l'influence d'une force étrangère.

L'ESPRIT.

Peut-être qu'après avoir observé le monde extérieur, où les choses ont toujours en dehors d'elles la cause qui les crée et les modifie, en as-tu conclu que cette loi était universelle, ce qui t'aura conduit à l'appliquer à toi-même et à tes propres modifications?

MOI.

C'est me traiter en enfant que me prêter un semblable raisonnement. Ne t'ai-je pas dit que c'est au moyen du principe de causalité que je passe de moi aux choses extérieures? Comment donc aurais-je trouvé ce principe au moyen de ces choses?—La terre est supportée par le grand éléphant; mais le grand éléphant par quoi l'est-il? serait-ce par la terre?

L'ESPRIT.

Ce principe ne serait-il pas la conséquence d'un autre principe plus général?...

MOI.

Qui à son tour ne pourrait être déduit ni de la perception immédiate, ni de la contemplation du monde extérieur. Tu me ferais en ce cas sur l'origine de ce principe les mêmes questions que tu m'as déjà faites à propos de celui qui précède. Tu me demanderais encore si c'est immédiatement que je le sais; et je ne pourrais, moi, te répondre différemment que je ne l'ai déjà fait à propos du principe de causalité : autant vaut par conséquent m'en tenir dès à présent à cette réponse. Mais j'attends impatiemment ce que tu sembles vouloir en conclure.

L'ESPRIT

Outre la connaissance immédiate de notre propre manière d'être que nous donne la sensation, nous aurions donc encore une autre sorte de connaissance immédiate aussi, mais d'une vérité plus générale?

MOI

Il semble du moins que cela soit.

L'ESPRIT.

Si tu sais que tes affections doivent avoir une cause, le sais-tu indépendamment de tout ce que tu peux savoir des choses?

MOI.

Assurément, car je ne sais les choses qu'à la condition de savoir mes affections.

L'ESPRIT.

Tu sais par conséquent immédiatement par toi-même tes propres affections?

MOI.

Comme tu dis; ce n'est même qu'à cause de cela que je puis aller de moi-même aux choses extérieures.

L'ESPRIT

Tu imposes par conséquent de toi-même, de ta propre autorité, des lois aux choses, aux rapports des choses entre elles?

MOI

Il serait plus exact de dire que c'est seulement aux représentations que je me fais des choses, puis au rapport de ces représentations entre elles que j'impose ces lois.

L'ESPRIT

Soit.—As-tu conscience de ces lois autrement qu'à l'occasion de l'application que tu en fais?

MOI.

Voyons un peu. — Avec la sensation, au même instant que la sensation, naît en moi la conscience de la sensation. Mais comme en vertu de la loi de causalité je joins immédiatement à ma sensation la représentation d'un objet, il en résulte que la conscience de cet objet et celle de ma sensation naissent en moi au même instant, sont indivisibles, n'ont pu être précédées par aucune autre sorte de conscience. Or, de cela il résulte aussi que c'est seulement après l'avoir appliquée que j'ai conscience de la loi de causalité.

L'ESPRIT

Tu as donc agi d'abord spontanément, immédiatement, sans avoir la conscience de ce que tu faisais. Mais ayant ensuite acquis plus tard la conscience de ce que tu avais fait, tu as érigé en loi générale ta manière de procéder.

MOI.

C'est cela même. Je me suis examiné après avoir agi; je me suis rendu compte de ma manière de procéder; puis de cette manière de procéder j'ai fait une loi constante, un principe général.

L'ESPRIT

Pour agir ainsi ne faut-il pas que tu sois doué de la conscience de la manière dont tu procèdes intellectuellement?

MOI.

Sans aucun doute. Mais je vois où tend ta question. Tu vas probablement parler de cette seconde sorte de conscience immédiate dont nous avons déjà parlé, de la conscience de mon activité que me donnent mes actes. La sensation ne m'a donné en effet que la conscience de ma passivité.

L'ESPRIT.

Tu l'as deviné. Tu peux, disais-je, avoir la

conscience de tes procédés intellectuels au moyen de l'observation, de la réflexion; mais tu ne peux avoir conscience, au moins conscience immédiate, de ce qui se passe dans l'intimité même de ton être.

MOI.

Cela devrait être pourtant, car c'est encore immédiatement, c'est précisément de la même façon que j'ai conscience de la sensation, que j'ai aussi conscience de la représentation de l'objet. Mais, écoute.

Ce n'est pas seulement en tant que pure activité que j'ai conscience de mon activité, c'est aussi comme d'une activité qui m'a été communiquée. De là vient que la conscience que j'en ai se confond d'abord avec la conscience que j'ai de l'objet. Ce n'est que plus tard et au moyen de la réflexion que j'arrive à en avoir conscience sous le premier point de vue. Or, ma conscience immédiate étant tout à la fois conscience de ma passivité dans la sensation, conscience de mon activité dans l'enfantement de l'objet au moyen du principe de causalité ; ma conscience immédiate, dis-je, est donc composée de deux parties distinctes? l'une ayant tout d'abord existé, l'autre étant venue plus tard s'adjoindre immédiatement à cette première partie. Mais n'oublie pas que ma conscience de l'objet n'est pour moi rien autre chose que la conscience de ma conception de l'objet au moyen du principe de causalité. Je ne sais vraiment rien de cette conception, sinon que c'est moi qui l'ai créée. Toute conscience immédiate n'est donc jamais, ne peut donc jamais être que conscience de moi-même. Cette conclusion te semble-t-elle légitime?

L'ESPRIT.

Très légitime. Mais d'où viennent la nécessité et l'universalité que tu accordes ordinairement à ces principes : en ce moment, par exemple, à celui de causalité ?

MOI.

De la conviction intime où je suis que j'ai dû agir comme je l'ai fait en tant qu'être doué de raison, qu'aucun être doué de raison n'aurait agi différemment. Ainsi, lorsqu'il m'arrive de dire que tout accident, mes affections, par exemple, doivent avoir une cause, c'est précisément comme si je disais que j'ai pensé jusqu'à ce moment que tout accident devait avoir une cause; qu'en conséquence tout être doué de raison devra nécessairement penser, comme moi, que tout accident doit avoir une cause.

L'ESPRIT.

C'est donc, encore une fois, toujours toi seul que tu sais. Tu ne peux plus en douter après t'être convaincu par toi-même que dans aucun cas ta conscience ne sort des limites de ta propre individualité. Tu sais aussi que tu n'as pas conscience de l'objet en lui-même, mais seulement conscience d'un objet que tu poses dans l'espace pour obéir à une loi de ton intelligence, qui veut qu'à chacune de tes sensations corresponde un objet extérieur.

MOI

Courage! courage! ne reste pas en si beau chemin. Je n'ai pas voulu t'arrêter au milieu de ton raisonnement; j'ai même été à ton aide pour en faire sortir les bizarres conséquences. Mais à présent parlons sérieusement. Je rétracte la proposition que j'avais avancée, que c'est au moyen du principe de causalité que je vais de moi aux objets extérieurs. Pour mieux dire, je l'ai rétractée en moi-même aussitôt que j'ai aperçu les risibles absurdités qui se trouvaient être au bout.

Admettre la vérité de cette proposition c'est admettre que l'ensemble des choses dont j'ai conscience se réduit à une seule force, et même à une force dont je n'aurais conscience qu'autant que je l'imaginerais, à une force qui serait précisément de même nature que la force que j'imagine pour me rendre compte des phénomènes de l'électricité.

Mais ce n'est pas comme une simple pensée ou comme la pensée d'une simple force que m'apparaît l'univers. Je vois dans l'univers une chose qui a de l'étendue, qui est en même temps ici et là, qui est perceptible par soi-même au moyen de ses propriétés; je conçois au contraire une force comme une chose sans étendue, comme une chose qui pour moi n'est perceptible qu'à la condition de se revêtir d'un certain nombre de manifestations successives. De plus, enfin, l'acte au moyen duquel j'entre en rapport avec l'univers m'apparaît dans ma conscience complètement différent de celui au moyen duquel je me rends compte d'une pensée. Cet acte ne cesse pas de m'apparaître sous la forme d'une perception, bien qu'il m'ait été démontré qu'il n'en était pas une, bien qu'il me fût impossible de définir exactement la sorte de conscience que j'en ai.

L'ESPRIT.

Il importe cependant que tu essaies cette définition; autrement je ne sais comment nous parviendrons à nous entendre.

MOI

Je vais donc y faire mes efforts.— Esprit, si tes organes sont semblables aux miens, dirige, je t'en prie, tes yeux sur l'objet rouge qui se trouve devant nous; pour un moment oublie ton raisonnement, afin de t'abandonner naïvement à tes impressions; dis-moi ensuite franchement ce qui se passe en toi.

L'ESPRIT

Rien de plus aisé pour moi que de me mettre au point de vue de ton organisme. Je n'ai d'ailleurs aucun intérêt à nier mes impressions réelles.— Que te semble-t-il donc que je doive éprouver?

MOI.

Eh bien! dis-le-moi, n'aperçois-tu pas d'un seul regard la surface, toute la surface, la surface tout entière? Ne se pose-t-elle pas tout à coup devant toi? As-tu le moins du monde conscience, fût-ce de la manière la plus obscure, la plus détournée, de cette transformation du point en ligne, de la ligne en surface dont tu m'avais parlé? Si tu arrives ensuite à la ligne, au point, n'est-ce pas au contraire au moyen d'une division de cette surface que tu effectues? Il n'y a pas, je suppose, un seul homme de bonne foi dans le monde entier, qui ne fût disposé à affirmer que ce qu'il voit est bien une surface, et une surface rouge? Toi-même enfin ne le diras-tu pas comme moi, pourvu que tu consentes à te dégager un moment de tes préoccupations, de tes raisonnemens?

L'ESPRIT.

Je t'accorde tout cela. L'impression que j'ai reçue a été précisément telle que tu l'as décrite; mais permets-moi de te rappeler, bien que tu ne l'aies peut-être pas oublié, quel a été notre but dans les recherches que nous faisons en commun. Ce but n'a pas été, ce me semble, de nous raconter minutieusement tout ce qui se passe en nous, d'écrire en quelque sorte jour par jour, minute par minute, une gazette de l'intelligence humaine, mais seulement d'examiner avec soin les conditions essentielles sous l'empire desquelles s'accomplissaient nos actes intellectuels, afin d'en déduire des lois générales par le raisonnement. Ainsi, certains faits isolés que je ne veux pas nier, qui pourtant auraient peut-être besoin d'être observés plus soigneusement, ne sauraient rien prouver contre ce que le raisonnement nous enseigne.

MOI.

J'aurai toujours cela devant les yeux.

L'ESPRIT

Puisse aussi la singulière analogie qui se

trouve entre la conscience que tu as des choses extérieures et celle que tu as de tes perceptions réelles ne jamais te faire perdre de vue la différence radicale qui pourtant les sépare !

MOI

Ton observation vient à propos : j'allais oublier cette différence. Il est vrai que ces deux sortes de consciences sont immédiates ; je ne les apprends ni ne les déduis d'aucune autre ; mais tandis que la conscience de la sensation n'est que la conscience de ma propre manière d'être, la chose et la conscience que j'en ai n'ont au contraire aucun rapport avec ce que je suis moi-même. Si dans la sensation je suis la corde qui après avoir été pincée continue de vibrer, je suis, dans ma conscience des choses extérieures, le miroir qui demeure impassible, immobile, tandis qu'en face de lui viennent se poser les figures les plus variées. Mais cela même prouve pour moi. Il me semble que je dois avoir d'autant plus foi en ma conscience d'un être hors de moi que cette conscience diffère davantage de celle que j'ai de moi-même.

L'ESPRIT.

Ton observation est vraie en elle-même; défie-toi seulement des conclusions. S'il est bien vrai, comme nous l'avons cru jusqu'à présent, que c'est toujours de toi, seulement de toi que tu aies conscience immédiate; si de plus la sorte de conscience dont il est question n'est conscience ni de ta passivité, ni de ton activité, ne serait-il pas possible que ce fût une autre sorte de conscience de toi-même qui jusqu'à présent nous aurait échappé? Ne pourrait-elle pas être, par exemple, la conscience que tu aurais de toi-même en tant qu'être intelligent?

MOI.

Je ne comprends pas; mais viens à mon secours, car je désire comprendre.

L'ESPRIT.

Donne-moi dans ce cas toute ton attention,

car je suis obligé d'entrer un peu plus avant dans la question que je ne l'ai encore fait. Qu'es-tu?

MOI

Pour répondre à ta question, dans le sens le plus général, je te dirai : Je suis moi, moi-même.

L'ESPRIT.

Je n'en demandais pas davantage. Mais que veux-tu dire quand tu dis *moi?* Qu'y a-t-il au fond de cette idée?

MOI

C'est seulement par des oppositions que je puis te le dire. — La chose doit être distincte de celui qui sait la chose. Je suis moi, celui qui sait; je ne fais qu'un avec lui. Ici, à la vérité, s'élève tout aussitôt cette question : Comment une science de la chose peut-elle être possible tandis que la chose s'ignore elle-même? Comment moi qui ne suis point la chose, qui ne suis point une modification de la chose, puisque c'est dans le cercle même de l'existence de la chose que peuvent apparaître ses modifications, non dans le cercle de ma propre existence; comment, disais-je, puis-je avoir, moi, conscience de la chose? par où la chose vient-elle à moi? où est le lien entre moi, le sujet qui sait, et l'objet que je sais, la chose? Lorsqu'au contraire c'est moi-même que je sais, il n'y a lieu à aucune de ces difficultés. Je me sais par cela seul que je suis un être intelligent. Je sais ce que je suis, parce que je le suis. Si je suis ce qu'immédiatement je sais être, je le suis par cela seul que je le sais. Je n'ai nul besoin d'un lien étranger entre le sujet et l'objet: ma propre nature est ce lien; c'est moi qui suis tout à la fois le sujet et l'objet. Or, cette subjectivité objective, cette objectivité subjective, cette identité de l'objet de la science avec celui qui possède la science est précisément ce que j'entends par cette expression *moi*.

L'ESPRIT.

L'identité du sujet avec l'objet est donc ce qui te constitue être intelligent; c'est la loi fondamentale de ton intelligence.

MOI

Oui.

L'ESPRIT

Cette identité qui n'est ni le sujet ni l'objet, mais qui est la base et le lien de tous deux, peux-tu t'en saisir, en avoir conscience?

MOI.

Nullement. Toute conscience n'est possible qu'à la condition de voir distincts l'un de l'autre le sujet qui a conscience et l'objet dont il a conscience. Je ne puis concevoir la conscience en dehors de cette condition. A la vérité, lorsque je me suis apparu à moi-même, je me suis apparu d'abord sujet et objet tout à la fois; mais c'est que dans ce cas le sujet et l'objet s'étaient unis immédiatement ensemble.

L'ESPRIT

As-tu conscience du moment où s'est brisée en deux parties cette incompréhensible unité?

MOI

Non; car c'est ce brisement même qui rend possible ma conscience; ma conscience elle-même est pour ainsi dire ce qui se trouve être brisé. Or, au-delà de ma conscience, il n'est pas de conscience.

L'ESPRIT.

Au moment où tu as conscience de toi-même, ce que tu trouves nécessairement en toi, c'est donc l'unité primitive brisée comme en deux morceaux. C'est là ce qui constitue d'abord tout ton être.

MOI.

Il est vrai.

L'ESPRIT

Et pourquoi?

MOI.

Je suis une intelligence : il m'appartient par conséquent d'avoir conscience. Mais comme la condition, en même temps que le résultat de toute conscience, est que l'unité primitive soit brisée, il faut que ce brisement ait sa raison dans ma propre nature.

L'ESPRIT.

C'est en ta qualité d'intelligence (car, puisque tu m'as affirmé que tu en étais une, nous devons continuer à raisonner dans cette hypothèse), c'est en ta qualité d'intelligence, disais-je, que tu te prends toi-même pour objet; ta science, en tant qu'objective, doit se poser alors devant ta science en tant que subjective. Or, tu n'as pourtant aucunement conscience de la manière dont se passe la chose.

MOI

Il est vrai.

L'ESPRIT.

Le subjectif et l'objectif t'apparaissent-ils comme ayant des caractères essentiellement distincts l'un de l'autre, au moins dans ta conscience ?

MOI.

Oui sans doute. C'est dans le subjectif que se trouve ce me semble la raison de la forme de ma connaissance : l'intuition, l'idée. Mais il n'a rien à faire avec ce qui constitue la matière même de ma connaissance. C'est l'objectif seul qui fait que ce soit ceci ou cela dont j'ai la conscience, l'intuition ou l'idée ; il contient en soi la raison de sa propre existence ; ce qu'il est il l'est parce qu'il l'est, parce qu'il s'est fait tel ; c'est de lui-même qu'il se pose devant le subjectif, immobile et passif miroir, dont le rôle se borne à le réfléchir. Si le miroir a la propriété de réfléchir, la raison en est dans le miroir. Mais que ce soit ceci ou cela qu'il réfléchisse dans tel ou tel moment, c'est en dehors du miroir que s'en trouve la raison.

L'ESPRIT.

Le subjectif a donc beaucoup d'analogie avec ta conscience des choses extérieures, telle que tu la décrivais il n'y a qu'un moment ?

MOI.

Une analogie telle que j'en demeure étonné, confondu.—Je suis vraiment tenté d'admettre que c'est aussi en vertu des lois de ma propre conscience que se trouve en moi la représentation d'un être hors de moi, indépendant de moi; représentation qui ne serait alors autre chose que celle de ces lois elles-mêmes.

L'ESPRIT.

Pourquoi sembles-tu hésiter devant cette supposition ?

MOI.

C'est que je ne puis comprendre comment cette représentation, étant ce qu'elle devrait être dans ce cas, pourrait m'apparaître comme représentation d'une chose ayant de l'étendue, étant ici et là dans l'espace.

L'ESPRIT.

N'as-tu pas vu cependant que c'était toujours ta sensation, seulement ta sensation que tu étendais dans l'espace? N'as-tu pas pressenti qu'elle se transformait pendant cette extension en une chose sensible? Tu n'hésiterais donc plus à admettre la supposition qui précède, s'il t'était démontré comment l'espace aussi, l'espace lui-même peut à son tour sortir de ta conscience?

MOI.

J'en conviens.

L'ESPRIT.

Essayons donc de savoir si la chose est vraie de l'espace. — Je sais que tu n'as pas conscience de ton activité intellectuelle, en tant qu'elle persiste dans cette unité, cette identité avec elle-même, qui commencent avec toi, sont le fondement de ton être, et ne sauraient être anéanties sans que tu fusses anéanti toi-même. Mais tu as conscience de cette activité en tant que demeurant une, identique avec elle-même, dans les profondeurs de son essence intime, elle subit cependant, pour ainsi dire à sa surface, certaines modifications accidentelles, lorsqu'elle passe d'une manière d'être à une autre. Mais alors de quelle façon, sous quelle forme te la représentes-tu pendant que s'opèrent ces diverses transformations?

MOI.

Je l'aperçois tantôt ici, tantôt là; je la vois se portant sans cesse d'un endroit à un autre; il me semble en un mot qu'elle décrit une ligne; il me semble en outre que chaque point de cette ligne est une pensée déterminée.

L'ESPRIT.

Pourquoi t'apparaît-elle donc de la sorte? pourquoi te semble-t-elle décrire cette ligne?

MOI.

C'est au-delà du cercle de ma propre existence que s'en trouve la raison. Je ne puis donc la savoir. Cela est parce que cela est.

L'ESPRIT.

Tu peux, du moins, me dire, je suppose, de quelle façon, sous quelle forme tu te représentes ta connaissance primitive, absolue, celle dont toute connaissance particulière, déterminée, ne paraît être qu'une modification?

MOI

Je la vois comme un lieu où l'on peut tirer des lignes dans toutes les directions, marquer partout des points, en un mot, comme l'espace.

L'ESPRIT.

Tu peux concevoir à présent comment ce qui vient de toi peut pourtant t'apparaître hors de toi, doit même t'apparaître nécessairement ainsi? Tu touches du doigt la représentation de la chose. Cette représentation n'est point une perception, car il a été établi que dans toute perception c'est toujours toi seul qui se trouve être perçu; elle n'est point une pensée, car il s'en faut du tout au tout que la chose t'apparaisse comme une simple pensée; mais cette représentation est la conscience immédiate que tu as d'un être hors de toi. C'est ainsi que nous avons vu ta perception n'être rien autre chose que la conscience de ta propre existence modifiée de telle ou telle façon. Cesse donc d'être le jouet des sophistes, de demi-philosophes.

La chose ne se manifeste pas à toi par représentant. C'est bien de la chose elle-même telle qu'elle est, telle qu'elle peut être, que tu as conscience; il n'y a même de chose que celle dont tu as conscience. Cette chose, en un mot, c'est toi; car, en raison des lois qui te constituent un être fini, tu sors en partie de toi pour te poser en face de toi; et de là résulte qu'en dehors de toi c'est encore toi que tu aperçois. La conscience de la chose a donc été fort bien nommée intuition. Remarque en effet que dans tout acte de conscience il n'y a jamais que le moi; le subjectif, c'est le moi ayant intuition; l'objectif, c'est le moi matière de l'intuition, le moi venu se poser en face du subjectif. Avoir conscience n'est donc pas autre chose, sous ce point de vue, que voir hors du moi ce qui est dans le moi. C'est encore, si tu l'aimes mieux, se servir du seul moyen d'action qui nous ait été donné, l'intuition, pour porter hors du moi ce qui se trouve dans le moi. Le moi n'est par conséquent, pour ainsi dire, qu'une intuition, une vue active et vivante. Je commence par voir, c'est la conscience; puis je vois ensuite ma vue, ce qui rend ma vue l'objet de ma conscience.

Nous cesserons donc de nous étonner en te voyant partager, diviser la chose en tous sens, de toutes façons; en te voyant déterminer par avance, indépendamment de toute perception, les formes qu'elle revêtira par suite de cette division, ou bien apprécier les rapports divers de ces formes entre elles ; car faire tout cela ce n'est rien autre qu'agir, qu'opérer sur ta connaissance : ce qu'à coup sûr tu as le droit de faire et les moyens d'exécuter. Comment la chose ne serait-elle pas aussi maniable qu'elle l'est en réalité par ton esprit, puisque la chose c'est ton esprit lui-même ? C'est d'ailleurs à cause de tout cela qu'il existe une science de la chose. Cette science n'étant point à proprement parler science de la chose, n'en vient point ; elle est dans ton esprit, d'où elle vient, d'où elle ne cesse de se manifester.

De sens extérieurs, il est évident que nous ne pouvons en avoir, par la raison bien simple que nous ne percevons rien d'extérieur. Mais comme nous avons l'intuition non de la chose, mais de ce qui est cependant pour nous toute la chose, la chose même, c'est-à-dire d'une connaissance de la chose se posant en face du subjectif, après s'en être à moitié dégagée; comme de plus l'intuition que nous avons est extérieure, il n'en est pas moins vrai, il n'en restera pas moins éternellement vrai de dire, à l'occasion de ma perception présumée d'une surface, que je vois ou que je touche cette surface. Dans certains cas j'ai en effet l'intuition de ma vue ou de mon toucher comme de la vue ou du toucher d'une surface. Il en est de même pour l'espace en général : cet espace visible, divisible, étendu, cet espace, image et forme pure de ma connaissance, je ne le vois ni ne le touche : j'en ai l'intuition. La lumière aussi n'est pas hors de moi, mais bien en moi, car c'est moi-même qui suis la lumière.

Lorsque je t'interrogeais il y a peu d'instants au sujet de tes sensations de la vue, du toucher, de tes sensations en général; lorsque je te demandais de quelle façon tu les savais, tu me répondis, si tu t'en souviens, que tu en avais la conscience immédiate. Cette réponse, tu me la fis sans la moindre hésitation. Je suppose cependant que tu te fais en ce moment une notion plus exacte de la nature de cette conscience immédiate que celle que tu en avais alors.

MOI

Ma conscience est nécessairement complexe, double. Ma sensation, bien qu'elle constitue déjà par elle-même une conscience immédiate, n'est pas ma conscience immédiate tout entière. Après une sensation il arrive au contraire que je sens aussi cette sensation. C'est alors que se produit en moi non la connaissance de l'être ou d'un être quelconque, mais celle d'une modification de mon propre être. Or, l'intuition m'a été donnée aussi bien que la sensation. Ce n'est pas seulement la pratique, c'est aussi l'intelligence de la vie que je dois posséder : j'ai donc l'intuition de ma sensation; et alors, des profondeurs même de mon être, surgit en moi la connaissance ou la notion de l'être; ma sensation s'en trouve aussitôt transformée en une chose sentie. Le rouge ou le poli, de sensations intérieures qu'ils étaient, deviennent des choses rouges ou polies que j'étends dans l'espace, parce que l'intuition que j'en ai est elle-même l'espace. Il en résulte que je crois voir ou palper une surface. Il n'en est rien cependant : j'ai seulement l'intuition de ma vue et de mon toucher, comme de la vue et du toucher d'une surface.

L'ESPRIT

Tu m'as bien compris : pour mieux dire, tu te comprends fort bien toi-même.

MOI.

Et cependant ce n'est réellement pas après avoir parcouru une série d'inductions que j'arrive à la chose. La chose se manifeste immédiatement à ma conscience; elle se pose d'elle-même devant moi. Ce n'est pas davantage ma sensation qui se transforme en une chose sentie : c'est au contraire la chose qui a d'abord existé dans ma conscience ; car enfin ce n'est pas d'une affection du rouge ou du poli que j'ai d'abord conscience, mais bien d'une chose rouge ou polie.

L'ESPRIT.

Si tu veux définir ce que c'est que le rouge ou le poli, tu ne peux pourtant le faire d'une autre manière qu'en disant que c'est ce qui t'affecte d'une certaine façon que tu nommes le rouge ou le poli.

MOI.

Oui, lorsque tu m'interroges ; oui, lorsque je veux répondre à ta question. Mais, cette question, personne jusqu'à présent ne s'était avisé de me la faire ; moi-même je ne me l'étais jamais faite. Je m'oublie, je m'abîme dans l'intuition. Ce n'est pas alors d'une modification de moi-même que j'ai conscience, c'est bien d'une chose, d'un être hors de moi. Le vert, le rouge sont bien alors pour moi les propriétés d'une chose rouge ou verte, comme toutes les autres couleurs, m'apparaissant hors de moi; et celui qui s'abandonne naïvement à ses propres impressions n'arriverait jamais à trouver de lui-même la définition que tu viens de citer. Au surplus, en admettant que cette définition soit vraie, elle ne m'enseigne réellement rien de nouveau sur les couleurs.

L'ESPRIT.

Ce que tu viens de dire s'appliquerait nécessairement aussi aux sensations du goût. Ce n'est pas sans doute le moment de rechercher si les impressions de la vue sont de pures sensations, si elles ne participent pas à l'intuition, si elles ne sont pas comme un moyen terme entre ces deux ordres de choses; nous admettrons même, sans plus d'examen, comme parfaitement exacte, l'observation que tu viens de faire; nous supposerons qu'il est vrai, comme tu l'as dit, que tu l'oublies toi-même, que tu t'abîmes dans l'intuition ; nous supposerons que dans l'intuition, à moins d'un effort d'attention sur toi-même, à moins de quelque acte extérieur qui excite fortement ton intérêt, le captive, tu disparais à tes propres yeux. Mais as-tu réfléchi que c'est précisément sur ce fait que s'appuient ceux qui nient que ce soit au moyen du principe de causalité que nous allons de nous-mêmes au monde extérieur, ceux qui prétendent que nous possédons une sorte de conscience absolue des choses hors de nous? Ceux-là commencent en effet par nier que nous soyons aptes à tirer une conclusion en général. On ne peut le leur contester sous certains points de vue. Puis, si nous leur parlons de l'intuition, si nous nous efforçons de la leur expliquer au moyen des lois de notre intelligence, ils disent à cela, ils ne se lassent jamais de dire qu'après tout il faut bien cependant qu'en dehors de nous se trouve quelque chose qui nous contraigne d'avoir telle ou telle représentation.

MOI.

Soit. Mais ne t'occupes pas plus long-temps de ce qu'ils peuvent dire. Enseigne-moi plutôt ce que je dois en penser moi-même. Je ne demande que la vérité.

L'ESPRIT.

Il est certain que c'est toujours de la perception de ton propre état que tu as l'intuition. Le raisonnement nous a montré que tu n'avais pas toujours clairement, toujours distinctement la conscience de ta perception. Cependant, lors même qu'il t'arrive de te perdre en quelque sorte, de t'absorber dans l'objectif, ne se trouve-t-il pas encore en toi une sorte de réflexion détournée sur toi-même, une sorte de contemplation de toi-même?

MOI.

Oui; car la conscience de ce qui est hors de

moi est toujours accompagnée de la conscience de ma propre existence.

L'ESPRIT.

C'est tout?

MOI.

La seconde sorte de conscience est la condition nécessaire de la première. — Qu'en dis-tu?

L'ESPRIT.

Je le pense aussi.

MOI

Peux-tu m'en donner la raison?

L'ESPRIT

Conçois-tu la chose dans l'espace en général, ou bien conçois-tu chaque chose comme occupant un lieu déterminé dans l'espace?

MOI.

De la dernière façon. Chaque chose a des dimensions déterminées.

L'ESPRIT.

Plusieurs choses peuvent-elles occuper le même lieu dans l'espace?

MOI.

Non; elles s'excluent réciproquement; toutes sont à côté, dessus ou dessous les unes des autres. Par rapport à moi, les unes sont plus près, les autres plus loin.

L'ESPRIT.

Comment es-tu parvenu à mesurer ces choses, à connaître l'ordre dans lequel elles se trouvent rangées dans l'espace? Est-ce par la sensation?

MOI.

Cela ne peut être, puisque l'espace n'est pas une sensation.

L'ESPRIT

Est-ce par l'intuition?

MOI.

Pas davantage. L'intuition est immédiate,

infaillible. Il en est de même de ce qu'elle m'enseigne. Ce n'est au contraire qu'à l'aide de mesures, d'expériences, d'estimations répétées, qu'il m'est possible de porter un jugement sur la dimension des objets, sur leur situation par rapport à d'autres objets, sur la distance où se trouve de moi chacun d'eux. Personne n'ignore que les objets nous ont d'abord apparu sur une même ligne, et qu'il nous a fallu apprendre où ils étaient. L'enfant nouveau-né, l'aveugle de naissance à qui la vue vient d'être rendue, ne veulent-ils pas saisir les objets les plus éloignés aussi bien que les plus rapprochés? Ce n'est donc pas une intuition que la représentation d'un objet, c'est un jugement, c'est une classification imposée par l'intelligence à un certain nombre d'intuitions. Ce qui le prouve encore, c'est que le caractère de l'intuition étant d'être infaillible aussi bien qu'immédiate, il m'arrive cependant de commettre de fréquentes erreurs dans l'appréciation des grandeurs et des distances. Or, ces erreurs qu'on appelle illusions d'optique ne proviennent en rien, comme chacun sait, du sens de la vue. L'objet est bien réellement dans l'espace là où je le vois; il a bien les couleurs que je lui vois, et là point d'illusion. Mais comme je me trompe fréquemment dans les jugemens que je porte sur ses dimensions réelles, sur les proportions où ses diverses parties sont entre elles, sur la distance qui le sépare de moi, ces jugemens erronés deviennent la source de notions erronées aussi que je me forme sur sa figure réelle, ou bien sur sa véritable position dans l'espace, par rapport à moi ou par rapport à d'autres objets.

L'ESPRIT.

D'après quel principe, quelle règle te diriges-tu dans tous ces jugemens? Prenons le cas le plus simple. Entre deux objets que tu aperçois en même temps, comment juges-tu que l'un est le plus loin, l'autre le plus près de toi? As-tu quelque moyen d'apprécier leur distance respective?

MOI.

Sans doute. Ce moyen c'est le degré de force ou de faiblesse des impressions semblables. Deux objets de couleur rouge se trouvent-ils en même temps devant moi : je supposerai plus rapproché de moi celui dont la couleur me frappe le plus vivement, l'autre plus éloigné. Je supposerai ensuite que ce dernier doit se trouver à une distance de moi d'autant plus considérable que sera plus faible la sensation que je recevrai de sa couleur.

L'ESPRIT.

Il est fort bien de mesurer ainsi la distance sur certains degrés de force ou de faiblesse de tes impressions semblables; mais cette force et cette faiblesse comment t'y prends-tu pour les mesurer?

MOI.

C'est évidemment en réfléchissant sur mes

pres impressions, en les comparant les unes aux autres, en notant leurs moindres différences.... Mais je suis à terre, je me rends. Il est évident que ma conscience de l'objet hors de moi étant déterminée par ma conscience de mon propre état, ici encore se trouve une induction de ce qui est en moi à une cause hors de moi.

L'ESPRIT.

Peut-être te hâtes-tu un peu trop d'avouer ta défaite? N'aperçois-tu pas en effet que mon raisonnement n'a de valeur que dans le cas seulement où ayant conscience de ce que tu fais, tu te proposes d'évaluer la grandeur d'un objet, la distance où il est de toi, sa position par rapport à d'autres objets? Or, ce cas, il s'en faut de beaucoup que ce soit le plus ordinaire; c'est au contraire presque constamment au moment même où tu as conscience de l'objet que tu as en même temps conscience de sa grandeur et de la distance où il se trouve par rapport à toi.

MOI.

Ces actes de conscience n'en sont pas moins des jugemens analogues à ceux dont nous venons de parler. Seulement une longue pratique de la vie aura pu m'apprendre à apprécier promptement la distance de l'objet sur le degré de force de l'impression que j'en aurai reçue. La preuve, c'est que je ne vois jamais le vert, le rouge en général, ou telle autre couleur, mais tel vert, tel rouge, telle autre couleur, à telle ou telle distance. Or, l'appréciation de cette distance n'est bien évidemment qu'une application nouvelle, qu'une réminiscence d'un jugement analogue à celui-là, mais qui l'a précédé.

L'ESPRIT

Ne te trouves-tu pas à même de savoir maintenant avec exactitude par quels moyens tu te saisis de la chose hors de toi? Est-ce par l'intuition? est-ce par la pensée? par toutes les deux à la fois? Dans quel cas par l'une? dans quel cas par l'autre?

○

MOI.

Je me crois en effet au meilleur point de vue possible pour découvrir d'où et comment naît en moi la représentation d'une chose hors de moi.

1° J'ai conscience de moi, absolument, parce que je suis moi. Cette conscience est celle d'un être à la fois sensible et intelligent. Dans le premier cas elle est la sensation, dans le second l'intuition.

2° Je ne puis saisir l'illimité par la raison que je suis moi-même limité. En conséquence je circonscris par la pensée un espace déterminé dans l'espace indéterminé, puis je les suppose entre eux dans certains rapports.

3° La mesure de l'espace limité est celle de ma sensation elle-même; je l'applique d'après la règle suivante que je me suis faite : Il faut que ce qui m'affecte à tel ou tel degré soit dans tel ou tel rapport avec l'ensemble même des choses qui peuvent m'affecter.

Les propriétés des choses naissent pour moi de la perception de ma propre manière d'être; l'espace naît de l'intuition, et ma pensée fait ensuite de l'espace le support de ces propriétés. Par-là toute modification de moi-même s'étendant hors de moi devient propriété de la chose. Elle est posée dans l'espace par la pensée, qui la mesure en même temps qu'elle la coordonne avec l'ensemble.

Remarquons d'ailleurs que dans cet acte la pensée n'est nullement créatrice; elle se borne à limiter, à déterminer, à façonner en quelque sorte les matériaux qui lui sont livrés par la sensation ou l'intuition.

L'ESPRIT.

D'après ce que tu viens de dire, si tu mesures un objet, si tu l'ordonnes dans l'espace avec d'autres objets, c'est donc seulement parce que tu as supposé d'abord que tu ne peux être affecté de telle ou telle façon, à moins que la chose qui t'affecte ainsi se trouve être elle-même dans tels ou tels rapports avec l'ensemble des autres choses. Mais admettre que quelque chose t'affecte à tel ou tel degré, n'est-ce pas avoir admis déjà, au moins implicitement, que quelque chose t'affecte en général?

MOI.

Sans doute.

L'ESPRIT.

La représentation d'un objet extérieur qui ne serait pas limitée, qui ne serait pas placée dans un lieu déterminé de l'espace, est-elle possible pour toi?

MOI.

Nullement. Ce n'est jamais dans l'espace en général que je vois un objet, c'est toujours dans tel lieu de l'espace.

L'ESPRIT.

Ne conçois-tu pas l'objet comme étant doué

de la propriété de t'affecter d'une certaine façon tout aussi nécessairement que de celle d'occuper un lieu déterminé dans l'espace ?

MOI.

Ces deux choses me paraissent inséparables.

L'ESPRIT.

Quelle est l'espèce de représentation que tu as de l'objet en tant que l'objet t'affecte ?

MOI.

Cette représentation est une pensée à laquelle j'arrive au moyen du principe de causalité. — Cela me fait même concevoir plus clairement que jamais que l'objet se manifeste à ma conscience de deux façons. Je le vois d'abord par l'intuition; je l'imagine ensuite; je le suppose en raisonnant d'après le principe de causalité. L'objet, enfin, quelque bizarre que cela paraisse à dire, est double : il est à la fois immédiat et déduit.

L'ESPRIT.

C'est-à-dire que tu le considères sous deux points de vue différens. As-tu la conscience de ce que tu fais lorsque tu penses l'objet?

MOI.

Cela peut être. Ce n'est cependant pas le cas le plus ordinaire.

L'ESPRIT.

Tu ne manques donc jamais de rattacher à tes propres affections, à ta propre passivité une activité extérieure. C'est ainsi du moins qu'au moyen du principe de causalité tu as défini la pensée.

MOI.

J'en conviens.

L'ESPRIT.

Je te trouve sans contredit tout aussi bien en droit de faire cette application du principe que de poser le principe lui-même. Tu penses ainsi que tu dois penser, ainsi que tu ne saurais ne pas penser; mais tu ne peux savoir autre chose de ta pensée, sinon que tu penses de la sorte.

MOI.

Nous avons déjà dit tout cela d'une manière générale.

L'ESPRIT.

Tu crées par conséquent l'objet par ta pensée, en tant que tu le penses; il est bien réellement une création de ta pensée.

MOI.

C'est une conséquence de ce que nous avons déjà dit.

L'ESPRIT.

Et que crois-tu qu'il soit, dans son essence, dans sa nature intime, cet objet que tu penses, qui se trouve être une induction du principe de causalité?

MOI.

Une force hors de moi.

L'ESPRIT.

Que tu perçois? dont tu as l'intuition?

MOI.

Nullement. Je ne la perçois pas; je n'en ai pas l'intuition. Toutefois je n'en demeure pas moins convaincu que ce n'est pas de cette force elle-même que j'ai conscience immédiate, mais seulement de ses manifestations extérieures. Je ne lui en attribue pas moins une existence indépendante de moi. Je suis affecté, pensé-je, donc il existe quelque chose qui m'affecte.

L'ESPRIT.

Il y a par conséquent la chose de l'intuition et la chose de la pensée, deux choses fort différentes. L'une se pose immédiatement devant toi et s'étend dans l'espace; c'est la chose de l'intuition. L'autre, contenue dans celle-ci, ne pose pas devant toi; tu n'en connais l'existence qu'au moyen du raisonnement; c'est la chose de la pensée.

MOI

Une force intérieure, as-tu dit? une force enveloppée dans l'objet? Tu dois avoir raison. Cette force, je la répands, je la verse pour ainsi dire dans l'espace infini pour la mêler ensuite, pour la pétrir en quelque sorte avec la masse qui remplit cet espace.

L'ESPRIT.

De quelle façon crois-tu que tout cela, force et masse, puisse s'arranger ensemble?

MOI.

La masse avec ses propriétés me semble être la manifestation extérieure de cette force qu'elle recélerait. — La force, elle, me paraît avoir deux modes d'activité différens : l'un au moyen duquel, se maintenant ce qu'elle est, elle se produit au dehors sous telle ou telle forme; l'autre au moyen duquel elle m'affecte de telle ou telle façon.

L'ESPRIT

N'étais-tu pas en quête, il n'y a qu'un instant, d'un support des propriétés des choses autre que l'espace dans lequel elles se montrent, d'un support plus immobile que l'espace lui-même, au milieu des innombrables et perpétuelles variations que présentent ces propriétés?

MOI.

Je le cherchais; mais je viens de le trouver, je le trouve dans cette force qui demeure éternellement la même au-dessous des propriétés toujours variables des choses.

L'ESPRIT.

....Un coup d'œil à présent sur le chemin parcouru.—Lorsque tu te sens affecté d'une certaine manière d'être que tu nommes le rouge, le poli ou l'amer, sais-tu seulement que tu te sens de la sorte, ou bien saurais-tu quelque autre chose?—Y a-t-il dans cette sensation autre chose que cette sensation elle-même?

MOI.

Rien de plus.

L'ESPRIT.

Si l'espace pose devant toi, n'est-ce pas uniquement parce que tu es un être intelligent?

MOI.

Pour cela seulement.

L'ESPRIT.

Entre la manière d'être dans laquelle tu te sens toi-même et l'espace venant poser devant toi, y a-t-il d'autre lien, d'autre rapport que ceci : c'est que tous deux se manifestent à ta conscience?

MOI.

Aucun.

L'ESPRIT.

Cependant tu es un être pensant tout aussi nécessairement, tout aussi absolument qu'un être sensible ou intuitif; tu ne peux donc t'arrêter au sentiment ou bien à l'intuition de ta manière d'être : il faut que tu en aies en outre la pensée. Or, la pensée que tu en as, tout aussitôt que tu en as conscience, t'apparaissant incapable de se produire ou de subsister par elle-même, tu lui donnes immédiatement pour cause ou pour fondement une force étrangère, une force extérieure. Mais sais-tu autre chose là-dessus, sinon que tu penses de la sorte, que tu te trouves contraint de penser de la sorte?

MOI.

Rien de plus. Je ne puis penser autre chose que ma pensée; je ne puis rien penser qui, par cela seul que je le pense, ne tombe aussitôt sous l'empire des lois qui régissent ma pensée.

L'ESPRIT

C'est donc ta pensée qui établit un rapport, un lien entre ta manière d'être dont tu as la sensation, et l'espace, dont tu as l'intuition;

l'espace t'apparaît comme la cause de ta sensation.

MOI.

Il est vrai; mais ce rapport n'existe pour moi que dans ma seule pensée. Tu m'as clairement démontré, tu m'as fait toucher du doigt et de l'œil que je n'en ai ni la sensation ni l'intuition. — Ce qui serait hors de ma conscience, je ne puis le dire, puisque je manque dans ce cas de moyens de me le représenter. En parler, c'est le savoir, c'est en avoir conscience, c'est le penser. Il suffit donc que j'en parle pour qu'il ne m'apparaisse en rien différent de ce qu'il m'est d'abord tout naturellement apparu ; je n'en apprendrais rien de nouveau, je n'en pénétrerais pas plus avant de l'épaisseur d'un cheveu dans la connaissance de sa nature intime, quand je me mettrais à en raisonner pendant l'éternité. Vouloir connaître un semblable rapport en soi, une chose en soi, ou bien encore vouloir déterminer comment cette chose en soi se trouve en relation avec le moi en soi, c'est trahir une profonde ignorance des lois de notre pensée, c'est oublier d'une façon bizarre qu'il ne peut se trouver dans notre pensée autre chose que ce que nous pensons. La chose tout entière est une pensée, pensée immense, magnifique, livrée à tous, sans que personne la réclame.

L'ESPRIT.

Je n'ai donc à redouter de ta part aucune objection si j'énonce comme un principe général que notre conscience d'une chose hors de nous n'est rien autre que le produit de la faculté que nous avons de nous représenter les choses, ou bien si j'ajoute : de la chose elle-même nous ne savons rien au-delà de ce que notre conscience, en vertu des lois qui la constituent ou lui permettent de se modifier de telle façon, dans telles circonstances données, nous met à même de savoir.

MOI.

Je n'ai pas le mot à redire à cela.

L'ESPRIT

Pas un mot non plus, je suppose, si, revêtant d'une expression plus hardie les mêmes vérités, j'affirme que, dans ce que nous nommons la connaissance ou la contemplation des choses, c'est toujours nous, éternellement nous-mêmes que nous connaissons ou contemplons; que, dans tout sentiment de conscience, ce n'est jamais que nous ou nos propres modifications que nous savons. Je dis donc, sans avoir de contradictions à redouter de ta part, je dis donc que s'il est prouvé de la chose extérieure en général, que c'est seulement dans notre conscience qu'elle se manifeste à nous, cela est prouvé aussi des choses extérieures, variées et multiples qui nous apparaissent çà et là sur la scène du monde; je dis que, s'il est vrai que le rapport qui se trouve établi entre nous et la chose extérieure en général n'a d'existence que dans notre seule pensée, cela sera vrai aussi des autres rapports qui se trouvent établis entre nous et les choses extérieures multiples et variées ; cela sera vrai, en outre, de tous les rapports que nous apercevons entre les choses extérieures elles-mêmes. Je pourrais donc te raconter en détail comment a dû naître pour toi la multitude des objets extérieurs. Je pourrais te faire comprendre les rapports de ces objets entre eux, et te faire toucher les liens qui les rattachent les uns aux autres. Il ne tiendrait qu'à moi de créer *à priori,* tout d'une pièce, de faire en quelque sorte surgir devant toi du néant un système du monde tout semblable à celui au milieu duquel tu as vécu jusqu'à ce jour. Je pourrais de plus, avec la même facilité que je t'ai déjà montré comment l'objet extérieur en général naissait pour toi dans ta pensée, comment s'établissait en elle un rapport entre toi et cet objet ; je pourrais, dis-je, te faire dire aussi toutes les lois de ce monde dans ta propre pensée. Si je m'en abstiens, c'est par la seule raison que je ne te suppose nullement disposé à vouloir repousser aucun des enseignemens qui se trouveraient compris dans une œuvre semblable.

MOI.

Cela est en effet bien loin de ma pensée.

L'ESPRIT

Et maintenant donc, pour jamais délivré des frayeurs qui faisaient ta honte et ton tourment, marche hardiment sur cette terre, ô mortel! Ce n'est plus toi qu'on verra pâlir encore d'effroi au seul nom d'une nécessité qui n'a d'existence que dans ta pensée. Ce n'est plus toi qu'on verra trembler encore à la seule idée d'être opprimé, écrasé par ce monde extérieur qui n'est que ta propre création, comme tu le sais maintenant, à n'en pouvoir douter. Ce serait mettre sur la même ligne que les choses pensées l'être qui les a pensées, bien autrement noble qu'elles. Aussi longtemps que, supposant aux choses extérieures une existence indépendante de toi, tu as cru qu'elles étaient en elles-mêmes telles qu'elles se montraient à toi; aussi long-temps que tu as cru n'être toi-même qu'un simple anneau dans leur chaîne immense, tes frayeurs n'étaient peut-être pas sans quelque fondement. Mais aujourd'hui n'es-tu pas demeuré convaincu que ce qui existe n'a d'existence qu'en toi et par toi? En craindre quoi que ce soit serait donc t'effrayer de ton ombre, de toi-même; ce serait trembler devant l'œuvre de tes propres mains.

J'ai voulu t'affranchir de ces ridicules terreurs. Maintenant que je l'ai fait, je te laisse à toi-même. Adieu.

MOI.

Arrête, esprit perfide! encore un moment. Est-ce donc là cette sagesse dont tu m'avais leurré? Est-ce donc là ce que tu appelles m'avoir affranchi? — Tu m'as délivré de toute dépendance, il est vrai, mais c'est en m'anéantissant, moi et tout ce qui m'entoure. Tu as brisé ce joug d'une nécessité de fer sous lequel je gémissais, mais c'est en brisant du même coup toute existence, toute réalité.

L'ESPRIT

Bah ! le péril est-il donc si pressant ?

MOI

Tu te railles encore ?.... D'après ton système....

L'ESPRIT

Mon système ! qu'est-ce à dire ?... Ce système, si toutefois système il y a, t'appartient ce me semble tout autant qu'à moi ; nous n'avons pas cessé un instant de raisonner d'accord. Quant au mien, à celui qui m'appartient réellement, quant à la manière de voir qui m'est propre, si j'en ai une, tu ne la connais assurément pas, tu ne saurais même pressentir d'aucune façon ce qu'elle peut être.

MOI.

Peu importe à qui appartient ce prétendu système, à toi ou à moi; il ne tend pas moins à prouver qu'il n'existe autre chose au monde que des représentations, que des modifications de la conscience, pour mieux dire, que la seule conscience; que nos représentations, vaines images, ombres fugitives de la réalité, ne recèlent ni certitude, ni vérité. Or, c'est cette pensée qui par elle-même m'inspire une répugnance invincible, je pourrais dire une sorte d'horreur; car, remarque-le bien, ce n'est pas seulement du monde matériel qu'il peut être question. S'il ne s'agissait que de cela, peut-être pourrais-je en définitive prendre mon parti de voir ce monde se dissoudre, s'évaporer en quelque sorte, devenir une simple représentation, une ombre légère. Mais, dans cette hypothèse, le sort que subit le monde matériel ne doit-il pas s'étendre jusqu'à moi? Ne dois-je pas de même que ce monde, sans lui survivre d'un instant, devenir moi-même tout aussitôt une simple représentation, une ombre, une sorte de fantôme? Qu'en dis-tu?

L'ESPRIT.

Je ne veux rien dire en mon nom. Cherche; aide-toi toi-même.

MOI.

Je m'apparais dans l'espace avec des sens, des organes, des membres; je me vois comme un corps, comme une force physique gouvernée par une volonté. Ne pourrais-tu donc pas dire de moi tout ce que tu as dit naguère de ce qui n'était pas moi? c'est-à-dire soutenir que je suis aussi moi-même le produit de ma sensation, de mon intuition, de ma pensée?

L'ESPRIT.

C'est en effet ce que je ne manquerai pas de dire. Mais, pourvu que tu le désires, je ferai plus encore, je pourrai te montrer dans les moindres détails, te rendre palpable et visible comment il est arrivé que tu t'es apparu dans ta propre conscience comme un être organisé, comme une force physique gouvernée par une volonté, et toi-même me donneras raison en tout ce que j'avancerai.

MOI.

Tu me vois d'avance tout convaincu. J'ai accordé que le rouge, le sucré, le rude, n'étaient autre chose que mes propres manières d'être posées dans l'espace par l'intuition et la pensée, puis se transformant, au moyen de ce trajet, en propriétés de la chose indépendante de moi. Les mêmes raisons me contraindraient nécessairement d'accorder aussi que mon organisation physique, avec tous mes sens, n'est de même qu'une sorte de matérialisation, dans un lieu déterminé de l'espace, d'une simple pensée. Les mêmes raisons me contraindraient d'accorder en outre que le moi, le moi intellectuel, le moi pure intelligence, et ce moi qui dans le monde matériel est mon organisme, mon corps, ne sont qu'un seul et même moi qui se montre sous deux aspects différens que je saisis au moyen de deux facultés diverses : d'un côté par l'intuition, de l'autre par la pensée.

L'ESPRIT.

Ce résultat s'accorde merveilleusement avec tout ce que nous avons dit.

MOI.

Et cet être pensant, cet être intellectuel, cette pure intelligence transformée par l'intuition en un être matériel, à ce point de vue que serait-il possible qu'il fût, sinon le produit de ma propre pensée, sinon une simple et passive pensée qui m'est imposée sans que je puisse savoir pourquoi, sans que je puisse deviner d'où elle vient?

L'ESPRIT.

Très vraisemblable au fait.

MOI.

Ah! tu es devenu d'une circonspection bien monosyllabique.— C'est réel, très réel qu'est le fait, non pas seulement vraisemblable.

L'être ayant des représentations, l'être voulant, l'être intelligent, celui auquel tu imposeras d'ailleurs le nom qui te plaira le mieux, pourvu qu'il soit bien convenu que c'est de l'être en qui résident les facultés d'avoir des représentations, de vouloir, de concevoir qu'il s'agit entre nous; cet être, donc, comment arrivé-je à le connaître? En ai-je la conscience immédiate? Cela ne peut être, car c'est seulement de représentations, de volontés, de pensées déterminées que j'ai la conscience immédiate, mais nullement de facultés intellectuelles dont ces représentations, ces volontés, ces pensées seraient les produits, et encore moins ai-je celle d'un être intellectuel à qui appartiendraient ces facultés. J'ai l'intuition immédiate de la pensée déterminée que j'ai dans le moment actuel. Dans le moment qui suivra, j'aurai de même l'intuition de toute autre pensée déterminée. Mais telles sont les limites où se trouvent renfermées mon intuition intérieure et ma conscience immédiate. Plus tard, toutefois, je me trouve instinctivement conduit à revenir à cette pensée dont j'ai d'abord eu l'intuition; je la pense de nouveau. Et alors, comme en vertu des lois qui régissent ma pensée se manifeste déjà ce qui s'est déjà montré à l'occasion de la première pensée née en moi de la sensation, comme cette pensée que je pense de nouveau m'apparaît aussi de même que cette première pensée, incomplète, insuffisante à exister par elle-même, qu'elle n'est pour moi qu'une sorte de moitié de pensée, je fais pour elle ce que j'ai déjà fait pour cette autre pensée. A l'occasion de celle-ci, il m'arriva d'unir, de lier, sans que je m'en rendisse compte, à ma propre passivité, une activité extérieure. Agissons ici d'une façon analogue : me rendant tout aussi peu compte de ce que j'exécute, j'unis, je lie de même à la modification déterminée qui est en moi, pensée ou volonté, quelque chose d'essentiellement modifiable, c'est-à-dire une pensée ou bien une volonté indéterminée, infinie. Cette pensée, cette volonté infinies, il m'appartient de les saisir par l'intelligence; mais comme il ne m'est pas donné, étant moi-même un être fini, d'embrasser ce qui est sans limite, je fais de mes pensées, de mes volontés déterminées un tout auquel je donne la forme d'une faculté finie. De plus, comme en même temps que toute pensée, que toute volonté, comme dans toute pensée, dans toute volonté il apparaît une chose qui n'est ni la pensée ni la volonté, je donne une existence à cette chose, j'en fais un être.

Il est donc maintenant de toute évidence pour moi que si l'être pensant s'engendre de sa pensée, c'est qu'il y a une loi de la pensée qui la contraint sans cesse de supposer que ce qui lui est livré immédiatement a pourtant été produit, engendré. Ainsi, dès qu'un simple fait, un fait isolé, tel qu'il peut exister dans l'intuition, se trouve livré par elle à la pensée, celle-ci commençant par circonscrire, déterminer ce fait, se rattache ensuite à un autre fait qu'elle crée tout exprès, car il n'était pas dans l'intuition, pour en faire dériver ce second fait, pour établir entre eux cette filiation nécessaire. — Ou bien, en d'autres termes, la seule chose dont je puisse avoir intuivement conscience, la chose au-delà de laquelle ne saurait aller la conscience intuitive, c'est une pensée déterminée; mais je pense ensuite, je pense de nouveau cette pensée déterminée, c'est-à-dire que je la fais sortir d'une sorte de pensée déterminable, quoique indéterminée. Or, comme j'agis de la sorte à l'occasion de toute modification déterminée survenant dans ma conscience, je me trouve avoir créé grand nombre de facultés diverses, en même temps que j'ai aussi créé une multitude d'êtres réels en qui résident ces facultés.

L'ESPRIT.

Lorsque tu te contemples toi-même, es-tu du moins certain que tu sens, que tu as intuition, que tu penses de telle ou telle façon?

MOI.

Que ce soit moi qui aie intuition ou qui pense? Que le moi soit une base réelle de la sensation, de l'intuition, de la pensée? Hélas! non; il ne me reste même pas le droit de croire cela.

L'ESPRIT.

Tout de bon?

MOI.

Prononce toi-même. La seule chose que je sache, c'est ma conscience. Cette conscience est immédiate ou médiate. Dans le premier cas, elle est la conscience de ce qui est moi; dans le second, de ce qui n'est pas moi. Ce que je nomme moi ne saurait donc être autre chose qu'une certaine modification de la conscience; modification que j'appelle moi, parce qu'à son sujet la conscience est immédiate, revenant sur elle-même, ne portant point sur le monde extérieur. Or, toute conscience immédiate n'est possible qu'accompagnée de la conscience médiate. De là vient que la conscience du moi se trouve toujours dans la conscience de toute représentation, bien qu'elle puisse fort bien ne pas s'y montrer fort distinctement. De là vient qu'il n'est pas un seul instant de mon existence où je cesse de dire : moi, moi, moi, toujours moi. Moi, c'est-à-dire ce qui n'est pas la chose déterminée, apparaissant incessamment variable dans ma pensée. S'il en était autrement, n'aurais-je pas vu le moi s'anéantir d'instant en instant pour reparaître aussitôt? A chaque représentation nouvelle ne sortirait-il pas du néant comme un nouveau moi? Ce mot moi, quelle autre signification pourrait-il avoir que celle de la non-chose?

Se saisissant ensuite de cette conscience du

moi toujours identique à elle-même, mais en quelque sorte brisée dans la multitude de mes impressions, la pensée en jette les fragmens épars dans le moule d'une unité fictive; elle en fait un assemblage de facultés; elle fait aussi que toute représentation dont je me trouve avoir la conscience immédiate me semble appartenir à l'une ou l'autre de ces facultés, qui elles-mêmes appartiennent à un seul être, toujours le même. Ainsi se sont formées pour moi les notions de l'identité et de la personnalité du moi; de même aussi la notion d'une force propre à ce moi. Mais tout cela n'a rien de réel, puisque l'être que ces notions concernent n'est lui-même, ainsi que toutes ses facultés, qu'autant de créations de la pensée.

L'ESPRIT.

On ne peut mieux conclure.

MOI.

Tu sembles t'en réjouir. Je puis donc dire:

je pense. Non, je ne dois pas aller jusque-là; mais seulement il apparaît à ma pensée que je pense, ou bien que j'ai des sensations, des intuitions. Cette façon de parler est la seule exacte.

L'ESPRIT

Très bien dit.

MOI.

La persistance n'est donc nulle part. Au dedans comme au dehors de moi, c'est donc toujours, c'est donc partout une éternelle transformation. Je ne sais rien de l'être. Je ne sais rien de moi-même. L'être n'est pas. Moi-même je ne suis pas. Çà et là, uniques réalités existantes, apparaissent seulement de vaines images qui n'expriment aucune ressemblance, qui ne se réfléchissent dans aucun miroir, et dont toute la science n'est aussi qu'une image de science. Moi-même je ne suis que cela, moins que cela; je ne suis que l'image confuse, l'image à demi effacée d'une autre image.

Autour de moi la réalité s'est transformée en un songe bizarre, sans qu'il y ait une vie réelle à rêver, un esprit pour en rêver : en un songe, où ce songe lui-même se trouve être rêvé. Et en effet, ce songe, c'est l'intuition. Et la pensée, la pensée ! que je considérais comme mon attribut le plus noble, comme le but de ma vie, où je croyais trouver la source même de toute réalité, la pensée, c'est le songe de ce songe.

L'ESPRIT.

C'est fort bien. Mais quand tu te servirais comme à plaisir des expressions les plus odieuses pour rendre haïssables les vérités que nous avons découvertes, cela ne te donnerait, ce me semble, aucun moyen de leur échapper. Sache donc t'y soumettre, à moins cependant que tu ne veuilles revenir sur quelques-unes des concessions, retrancher quelques-uns des aveux qui nous y ont conduits.

MOI.

Je n'en suis nullement tenté. J'ai vu, bien

clairement vu, la vérité de ce que nous avons dit. — Pourtant je ne puis le croire.

L'ESPRIT

Ceci est nouveau. — Tu ne peux croire, dis-tu, ce que tu as vu ?

MOI.

Tu te railles, Esprit. Hélas! ta science n'est elle-même qu'une longue, qu'une amère raillerie. Que ne l'as-tu gardée pour toi seul ?

L'ESPRIT.

Homme à courte vue ! te faire apercevoir ce qui est devant toi, ce qui se trouve dans le cercle même de ton horizon visuel, est-ce se railler de toi? Oserais-tu le dire, pour le même sujet, de l'un de tes semblables ? Mais réponds : si j'ai bien voulu te laisser déduire, énoncer toi-même le résultat de nos recherches précédentes, serait-ce pour toi une raison de croire que ces résultats m'étaient demeurés cachés jusqu'alors ? Supposerais-tu réellement qu'à l'instant même où nous descendîmes ensemble dans la carrière que nous venons de parcourir, je ne prévoyais pas ce qui nous attendait au bout, que je ne savais pas qu'un moment arriverait où nous verrions la réalité se transformer tout à coup à nos yeux en je ne sais quelle bizarre vision? Ou bien encore me prendrais-tu par hasard pour le sectateur exclusif, le panégyriste enthousiaste de ce système? Penserais-tu qu'il me représente le système vraiment complet de l'intelligence humaine? En ce cas, rends-moi plus de justice.

Au moment où je vins à toi, je te trouvai faisant tous tes efforts pour savoir. Mais après avoir pris pour cela un mauvais moyen, après avoir demandé à la science ce qu'aucune science ne peut donner, ce qui est au-delà de toute science, tu croyais avoir entrevu le néant de la science elle-même au moyen de je ne sais quelle autre science nouvelle de ta propre invention. Cette science était fausse et trompeuse. J'ai voulu te le démontrer; mais qui t'a dit que je voulusse te révéler la science véritable? C'était ta science même que tu voulais savoir, que tu t'efforçais de savoir; puis tu t'étonnais de ne pouvoir apprendre par cette voie autre chose que ce que tu voulais savoir, c'est-à-dire que ta science. Mais pouvais-tu raisonnablement te flatter qu'il en fût autrement? Ce qui vient de la science, ce qui repose sur la science, que pourrait-ce être, sinon la science? Or, qu'est-ce que toute science? un assemblage, un système d'idées au-delà desquels seront toujours les choses qui dans le monde réel correspondent à ces idées, les choses dont ces idées sont les images. Prétendre que la science soit autre que cela, c'est prétendre changer l'essence même de ton intelligence, c'est vouloir que la science soit quelque chose de plus que la science ne peut être. Tu as vu s'anéantir le monde de la réalité auquel tu croyais une existence indépendante de la tienne, dont tu craignais d'être l'esclave et le jouet. Car le monde de la réalité n'avait d'existence et de durée que par la science; mais la science, par cela même qu'elle est la science, n'est pourtant pas la réalité. Il n'y a qu'un instant que tu t'en es convaincu par toi-même. Ces frivoles illusions ne sauraient donc plus t'abuser; c'est même à cela que se borne, ce me semble, tout le profit qu'il y a pour nous à tirer de la doctrine que nous avons trouvée ensemble; car, absolument vide, absolument négative, cette doctrine, qui détruit l'erreur, ne donne pas la vérité. Ainsi donc, et pour conclure: si tu te sens toujours instinctivement poussé à aller au-delà de l'idée, si tu persistes toujours à vouloir te rencontrer avec une autre réalité que celle qui a croulé devant nous; alors, crois-moi, ce n'est pas au moyen de la science que tu pourras mettre la main sur cette réalité ou l'embrasser par la pensée. Si pour t'en saisir, si pour la concevoir tu n'as pas quelque autre organe, elle est, je le répète, hors de ta pensée.

Mais cet organe tu le possèdes; sache le découvrir et le mettre en œuvre. Nul doute qu'après cela le trouble de ton esprit ne fasse place à un long repos. Je le souhaite. Pour la dernière fois, adieu.

LA CROYANCE.

Esprit, tes paroles m'ont étrangement troublé; mais du milieu de l'odieux isolement où tu m'as confiné, des profondeurs de l'horrible abîme où tu m'as précipité, je n'en aurai pas moins le courage de suivre ton conseil.

Et d'abord, m'interrogeant moi-même, je me demanderai d'où vient qu'il n'y a que trouble, que dégoût pour mon ame dans une doctrine dont mon intelligence est demeurée complètement satisfaite.

La réponse n'est pas douteuse. C'est que, dans cette contradiction, plein de poignantes angoisses, je réclame quelque chose que cette doctrine m'a refusée. Je veux, quoi qu'elle m'ait dit, qu'il y ait au-delà de la représentation une chose qui, ayant précédé la représentation, doive lui survivre. Je veux qu'en face de la représentation se trouve une chose qu'elle n'a pas produite et ne saurait modifier. La représentation sans objet n'est pour moi qu'une vaine, qu'une trompeuse image. S'il était donc vrai qu'aucun objet n'existât au-delà de la représentation, s'il était vrai qu'en dehors de la science ne se trouvât pas en rapport avec la science une chose qui n'est pas la science, j'aurais été toute ma vie le jouet d'une décevante illusion. — Mais cela peut-il être? Est-il réellement possible qu'au-delà de la représentation rien ne soit?—Au point de vue du sens commun l'assertion n'est que risible. Il n'est personne qui osât l'émettre ou seulement la réfuter sérieusement. Et pourtant ce n'en est pas moins, pour l'intelligence éclairée qui en a sondé les fondemens et les a trouvés inébranlables pour le raisonnement, une désolante, une anéantissante pensée.

D'un autre côté, que peut-il donc se trouver au-delà de la représentation? En quoi peut consister cette chose dont l'existence m'intéresse si vivement? Par quelle force agit-elle sur moi? Surtout par quelle voie, pénétrant au dedans de moi, vient-elle s'appliquer pour ainsi dire si fortement à mon ame, en se mêlant à elle, qu'on ne peut plus ensuite les détacher l'une de l'autre sans déchirer mon ame elle-même par l'effort qui les séparerait?

Si, rentrant en moi-même, je me recueille un seul instant, une voix intérieure s'élève aussitôt pour me dire : Ce n'est pas seulement savoir qu'est ta destination, c'est agir conformément à ce que tu sais. Ce n'est pas pour te contempler éternellement toi-même, pour couver stérilement pendant l'éternité tes propres impressions, que la vie de ce monde t'a été donnée, mais tout au contraire pour agir. L'action, l'action seule constitue la dignité de ton être.

C'est au-delà de la représentation, au-delà de la science, c'est dans un monde supérieur à la science, meilleur et plus élevé que le monde de la science, contenant en lui le but et la fin de toute science, que bien certainement m'appelle déjà cette voix intérieure; car si je sais que j'agis lorsque j'agis, si je sais de plus comment j'agis, rien de tout cela n'est pourtant l'action, c'en est seulement la contemplation. Cette voix me révèle donc ce que je cherche; elle m'enseigne une chose en dehors de la science, une chose qui par sa nature intime se trouve être indépendante de la science.

Cela est vrai, je le sais immédiatement; mais une fois livré, comme je le suis, à la spéculation, c'est à la spéculation seule qu'il appartient de dissiper les doutes qu'elle a élevés; c'est à son tribunal que toute question doit être jugée. Je suis condamné à rechercher sans cesse le comment et le pourquoi de toutes choses. Ici donc il faut que je me demande d'où vient cette voix qui se fait entendre au dedans de moi, ce qu'elle est, de quel droit elle m'appelle au-delà de la représentation.

En moi se trouve l'instinct d'une activité libre, indépendante. Rien ne saurait m'être plus odieux que la pensée d'être par un autre ou à cause d'un autre. Je veux être par moi seul, à cause de moi seul. J'ai le sentiment d'une personnalité indépendante que je trouve au dedans de moi tout aussitôt que je me perçois ; il est indissolublement lié à ma conscience de moi-même.

Il est vrai que, d'abord obscur, confus en moi, ce n'était qu'un aveugle instinct ; mais la pensée lui donne en quelque sorte des yeux. Dès lors, devenu libre de marcher, il m'entraîne à lui, me contraignant à agir, et me forçant pour ainsi dire d'être indépendant. Je suis donc un être indépendant ? Mais qu'est-ce que moi ? quel est cet être qui, dans la conscience, l'intuition, la pensée, se trouve toujours tout à la fois le sujet et l'objet ? qui, sous ces deux points de vue, est ce qu'il est absolument? C'est absolument, en effet, c'est par moi-même qu'en moi se forme une notion; c'est de même absolument, par moi-même, qu'à cette notion je fais correspondre une certaine modification de moi-même, indépendante de cette notion, en dehors de cette notion. Pourtant comment ce dernier fait est-il possible? L'être ne peut se rattacher au néant d'aucune façon. De rien ne peut sortir quelque chose. Ma pensée objective ne saurait être immédiate. Mais un être qui se rattache nécessairement à un autre être aura nécessairement aussi sa raison dans cet autre être; il ne peut être le premier anneau d'une chaîne, le premier terme d'une série quelconque. Je devrais donc le rattacher à un autre objet; et cependant je ne puis le faire.

Ma pensée, d'après sa nature, est donc absolument libre; elle crée quelque chose de rien. Or, afin que la modification de moi-même, afin que l'action que j'exécute m'apparaisse libre aussi, m'apparaisse spontanément produite par moi-même, je rattache cet acte à ma pensée.

Quant à ma personnalité en tant que moi, c'est sans aucun doute comme il suit que je l'ai toujours connue. Je me suis attribué d'abord la faculté de former une notion en général, ou de former telle notion en particulier, et de faire cela absolument parce que je formais une notion en général, parce que je me formais telle notion en particulier. Tout cela se faisait, à ce qu'il m'a paru, en vertu de ma toute-puissance intellectuelle. Mais cela ne m'a pas suffi. J'ai bientôt vu qu'outre tout cela j'étais doué aussi de la faculté de tirer en quelque sorte, au moyen d'un acte réel, de la notion intellectuelle la notion réalisée; que j'avais ainsi, outre la faculté de me former de simples notions, une autre faculté d'une efficacité plus réelle; que je possédais enfin une sorte de force vraiment créatrice. Il est en effet bien facile de concevoir que les notions qui précèdent l'acte ne sont pas des copies, des imitations, mais tout au contraire des types, des modèles devenant visibles au moyen de leur réalisation.

Or, remarquons-le, c'est là le point d'où s'est développée en moi la conscience de toute réalité. Ce point est précisément celui où j'ai rattaché à ma notion intellectuelle une force réelle, une activité réalisante. Qu'il en soit donc tout ce qu'on voudra de la réalité du monde matériel : peu m'importe. La réalité, je l'ai, je la possède ; elle est en moi ; elle est inséparable de moi.

Je conçois, mais je n'invente point, je ne crée point la force réalisante qui se trouve en moi. La conscience immédiate de mon instinct, d'une personnalité indépendante est le fondement de la notion que j'en ai ; car cette notion n'est rien autre chose que ce sentiment de conscience immédiate revêtu des formes de la pensée.

Tout cela, même au tribunal de la spéculation, doit sans doute être jugé, pleinement fondé en droit, pleinement légitime.

Mais que dis-je? comment suis-je tenté de m'abuser ainsi moi-même? Le procédé que j'ai employé dans les recherches qui précèdent, les conclusions auxquelles je suis arrivé ne sauraient supporter un instant d'examen sévère et consciencieux.

Il se fait en moi un effort vers ce qui est hors de moi; voilà ce qui est vrai; voilà même la seule chose qui le soit dans tout ce que je viens de dire. Or, comme c'est moi qui ai le sentiment de cet effort, comme ma conscience se trouve nécessairement resserrée dans les limites du moi, je ne puis avoir d'aucune façon le sentiment de ce qui est au-delà de ces limites; et comme ce n'est donc qu'en moi, qu'en moi seul que je perçois cet effort, il résulte de là que cet effort me semble venir de moi, qu'il me paraît être le produit d'une activité qui m'appartient en propre. Mais il pourrait bien se faire qu'à mon insu cet effort fût produit en moi par une force qui par sa nature serait invisible pour moi. Dans ce cas, l'opinion où je suis d'être une personnalité indépendante ne serait plus qu'une illusion d'optique provenant des limites trop étroites de mon horizon intellectuel. Je n'ai à la vérité aucune raison de le croire, mais je n'en ai pas davantage de le nier. Il faut que je m'avoue à moi-même que là-dessus je ne sais rien et ne puis rien savoir.

Je ne sens rien en effet de l'activité que je m'attribue, chose étrange! sans en rien savoir. Cette activité n'a pas d'autre existence pour moi que celle des facultés de l'intelligence ou des forces de la nature. Si elle existe pour moi, c'est aussi, c'est seulement en vertu des lois de la pensée qui, à l'aspect d'une chose modifiée, me contraignent irrésistiblement à supposer une chose modifiante.

Ce passage de la notion pure à une prétendue réalisation de la notion pourrait donc n'être vraiment que le procédé ordinaire de la pensée qui, du moment où elle se fait objective, ne veut plus être simple pensée, mais chose distincte de la pensée. Or, ce procédé ne peut avoir plus de portée dans un cas que dans un autre. Pourquoi de la pensée d'une pensée concluerait-on avec plus de certitude à la réalité de cette pensée, que de la notion d'une table à l'existence réelle de cette table? On peut donc avancer que la modification de moi-même que je perçois à l'occasion de ma réalisation extérieure de toute notion m'apparaît sous deux points de vue; que, sous l'un, qui est subjectif, elle me semble une pensée; que, sous l'autre, qui est objectif, elle me paraît une action. — Je n'ai rien à répondre à une assertion semblable. J'ai le sentiment qu'un effort est produit au dedans de moi. Je me le dis, le pensant pendant que je le dis. Mais ce sentiment l'ai-je réellement, ou pensé-je seulement l'avoir? Ce que j'appelle le sentiment d'une chose ne serait-ce pas seulement une modification de moi-même produite en moi par ma pensée dans l'acte même où elle s'objective : modification qui serait le point de contact entre le moi et toute objectivité? Puis pensé-je réellement, ou bien pensé-je seulement penser? Puis encore, pensé-je penser réellement, ou bien pensé-je n'avoir que la pensée d'une pensée? Rien ne s'oppose à ce que la spéculation, de question en question de ce genre, ne remonte ainsi jusqu'à l'infini, car où est le point où je me croirais en droit de l'arrêter? Ne sais-je pas que d'une modification de la conscience il est toujours possible de remonter par la pensée à une autre sorte de conscience d'un ordre plus élevé que celle où se passe cette modification, conscience où l'on est en droit de chercher la conscience de cette première conscience? qu'en conséquence vous ne cessez de voir fuir, reculer devant vous la conscience immédiate au moment même où vous croyez la saisir? que vous ne pouvez enfin vous élever dans cette échelle qui n'a pas de premier échelon sans qu'à l'échelon que vous quittez tout vous paraisse se troubler, devenir confus? Je sais de plus que tout scepticisme est fondé sur la connaissance de ce procédé de l'intelligence humaine. La doctrine qui m'a si rudement ébranlé il n'y a qu'un instant n'était elle-même que la mise en pratique de ce procédé.

Si cette doctrine était autre chose pour moi qu'un jeu d'esprit bizarre dont je voulusse m'amuser un moment, si j'en voulais faire la règle de ma vie réelle, il est évident que je devrais refuser obéissance à la voix intérieure qui m'a parlé. Pourquoi, dans quel but voudrais-je me donner la peine, le souci d'agir? Cette doctrine ne m'enseigne-t-elle pas qu'il m'est refusé de savoir si je puis agir? que je ne puis croire que j'agisse réellement?

que ce qui m'apparaît comme un acte réel, exécuté par moi, m'appartenant bien en propre, n'est au fond qu'une vaine illusion? Quel droit me resterait-il alors de prendre ma vie au sérieux? Ma vie, de même que ma pensée, serait-elle autre chose qu'un jeu frivole et puéril?

Mais refuserais-je d'obéir à la voix intérieure? Non; je ne le ferai pas. Loin de là, c'est de ma pleine, de mon entière volonté que je me voue librement, tout entier à l'accomplissement de la destination que cette voix m'a révélée. J'emploierai toutes mes facultés, je mettrai toute l'énergie de mon intelligence à saisir la pensée dans sa vérité, dans sa réalité; je saisirai de même dans leur vérité, dans leur réalité les choses que la pensée suppose. Et pour cela je demeurerai constamment au point de vue où me placent mes instincts intimes, à celui du sens commun dont je me garderai bien de m'éloigner dorénavant d'un pas, de peur de m'égarer de nouveau dans de vains sophismes, dans de bizarres subtilités.

De ce moment, Esprit, je crois avoir pénétré le sens de tes paroles. Il me semble avoir trouvé l'organe au moyen duquel tu m'as promis la possession de la réalité. Cet organe n'est pas la science. La raison de chaque science se trouve toujours dans une autre science d'un ordre plus élevé que cette science, ce qui fait de la science entière une chaîne dont les extrémités nous échappent, ce qui rend la science inhabile à se fonder elle-même. Mais la croyance, c'est-à-dire cet assentiment spontané que je donne aux convictions qui se présentent le plus naturellement à moi, comme celles au moyen desquelles il m'est donné d'accomplir ma destination, la croyance, dis-je, est cet organe. C'est la croyance qui, donnant aux choses la réalité, les empêche de n'être que de vaines illusions; elle est la sanction de la science. Peut-être pourrait-on même dire qu'à proprement parler il n'y a réellement pas de science, mais seulement certaines déterminations de la volonté qui se donnent pour la science, parce que la croyance les constitue telles.

Cette distinction que j'établis entre la science et la croyance est loin de n'être qu'extérieure, qu'apparente, seulement dans les mots. Essentielle, radicale, elle tient à l'essence même des choses. Elle est de nature à exercer une grande influence sur l'ensemble de mes recherches, sur toute ma conduite. Il est donc à propos que je ne cesse pas un instant de l'avoir présente à l'esprit. Je ne puis admettre en effet que mes convictions sont croyance, non science, sans admettre en même temps qu'elles naissent du sentiment intime, non de l'entendement. Dès lors on ne me verra plus me laisser aller, sur aucun sujet, à des disputés d'école, à de bruyantes arguties philosophiques. Car pourquoi le ferais-je? Je sais que mes convictions se forment dans un sphère inaccessible au raisonnement; je sais qu'elles ont de trop profondes racines en moi pour m'être arrachées par le raisonnement, pour en être seulement ébranlées. Je sais en outre qu'il ne m'est donné de les imposer à qui que ce soit au moyen du raisonnement. Ma façon de penser, ma manière de voir me sont toutes personnelles : en elles je n'ai à m'occuper que de moi seul. Celui dont le sentiment intime est le même que le mien les aura de lui-même. Dans le cas contraire, je n'ai aucun moyen de les lui faire partager. — Dès lors je sais donc que le germe d'où se sont développées mon intelligence et l'intelligence des autres hommes est la volonté, non l'entendement; si ma volonté est droite, si elle tend constamment vers le bien, la vérité se révèlera sans aucun doute à mon intelligence. Si je néglige au contraire de faire bon usage de ma volonté, si c'est par la volonté seule que je prétends vivre, il est certain que tout ce que je gagnerai par-là ne sera qu'une frivole adresse à agiter quelques subtilités dans le vide des abstractions.—Dès lors, donc, il m'est devenu facile d'écarter toute fausse science qui voudrait prévaloir contre ma croyance. Je sais qu'il n'appartient pas à la pensée d'engendrer à elle seule la vérité. Je sais que toute vérité qui ne se réclame pas de la croyance, qui ne s'appuie que sur la science, est par cela même, de toute nécessité, incomplète ou trompeuse; car la science ne nous apprend que cette seule chose, c'est que nous ne savons rien. Je sais qu'il n'est pas de science qui, après nous avoir fait errer un certain laps de temps dans un labyrinthe plus ou moins compliqué de déductions intermédiaires, puisse nous faire rencontrer dans ses conclusions les plus éloignées autre chose que ce que la croyance a d'abord déposé dans ses prémisses. Or, savoir cela, n'est-ce pas avoir un moyen infaillible de discerner la vérité dans toutes choses? Car, puisque c'est de la conscience morale (et nous n'en doutons pas) que découle toute vérité, n'est-il pas évident que toute assertion qui se trouverait en opposition avec les inspirations de la conscience ou qui tendrait à infirmer ses décisions ne peut être une vérité? Ne dois-je pas être convaincu qu'elle contient une erreur, quand bien même il me serait impossible de démêler exactement en quoi consiste cette erreur, ou bien sur quoi elle est fondée?

Aussi est-ce bien là ce que font tous les hommes qu'éclaire la lumière du soleil. Tous se mettent en possession de la réalité à l'aide d'une croyance née avec eux, grandie avec eux. Et comment en serait-il autrement? La science, l'induction ou la réflexion ne nous apportent aucun motif de voir dans nos représentations autre chose que de simples images se succédant en nous dans tel ou tel ordre, en vertu de je ne sais quelle loi de nécessité. Nous tenons néanmoins ces images pour autre chose que de simples images; nous leur donnons à toutes un support, un substract qui n'étaient point dans nos représentations. Si cependant, avec la faculté que nous avons tous de sortir de notre point de vue naturel, avec l'instinct qui nous excite à en sortir, il arrive pourtant que nous ne le fassions que rarement, que ce ne soit de plus qu'à l'aide de sollicitations étrangères, que ce ne soit jamais enfin sans en ressentir un malaise véritable, d'où cela peut-il provenir? quelle est la main cachée qui nous emprisonne, nous enchaîne dans ce point de vue? N'est-ce pas, sans aucun doute, l'impérieux besoin que nous avons tous de croire réel ce que nous faisons, de croire à une réalité que nous créons tous, l'homme de bien en accomplissant ses devoirs, l'homme sensuel en recherchant la jouissance? Nul n'échappe à ce besoin. Il n'est donné à personne de vivre hors de la croyance. —La croyance est le joug universel, inévitable, que porte sans le voir celui à qui le don de la vue a été refusé, que porte en le voyant celui dont les yeux sont ouverts, mais dont ni l'un ni l'autre ne sauraient s'affranchir. Nous naissons tous dans la croyance.

———

Ainsi, dans la nature de l'homme partout l'unité, partout l'achèvement, partout la dignité? L'homme n'est pas formé de pièces de rapport plus ou moins adroitement rapprochées, plus ou moins étroitement soudées. L'homme est coulé d'un seul jet, un, absolument un. Ainsi, loin qu'elle soit indépendante de l'instinct, comme nous l'avons supposé, c'est dans l'instinct même que la pensée a sa racine. Ainsi c'est encore au même titre que nos penchans intimes, c'est par la raison qu'ainsi que nos penchans c'est venant aussi de l'instinct, qu'en nous se trouvent certaines opinions, certaines façons de penser. Il est à remarquer toutefois que l'instinct ne nous en impose aucune en quelque sorte d'autorité, ou que du moins, si cela a été, cela n'a nécessairement duré qu'aussi long-temps que nous l'avons ignoré ; car aussitôt que nous en avons eu conscience, par cela même que nous en avions conscience, la réflexion s'est éveillée, et nous avons agi dès lors au moyen de la réflexion sur ce qui se trouvait dans notre esprit. Quant à l'instinct, il n'a d'autre fonction que de nous donner une sorte de tendance intérieure vers l'opinion, la façon de penser que nous devons adopter ensuite par réflexion. Là s'arrête son rôle.

Ouvrant donc enfin les yeux, j'ose regarder en face la prétendue nécessité à laquelle j'ai obéi jusqu'à présent. Je brise son joug. Je sais que ma destination est de faire moi-même ma pensée, d'être indépendant de toute influence extérieure. Je cesserai donc de voir, dans l'esprit qui fait ma pensée, qui anime ma vie, par qui se fait ce qui est en moi, pour moi ou par moi ; dans cet esprit de mon esprit, pour ainsi dire, je cesserai donc de voir une chose qui me soit étrangère. Je veux au contraire que dans toute la rigueur du mot cet esprit soit mon ouvrage. Bien plus, puisque je me suis refusé à devenir aveuglément ce que ma nature intellectuelle voulait que je devinsse, puisque je me suis refusé à n'être que l'œuvre de la nature, il faut que moi aussi je devienne à l'avenir l'œuvre de mes mains, que moi aussi je sois à l'avenir ma propre création. Or, pour que cela soit, il me suffit de le vouloir. Il me suffit de renoncer à toutes les subtilités au moyen desquelles j'étais parvenu à jeter des doutes et de l'obscurité sur le témoignage spontané de ma conscience; et c'est ce que je fais. Je reviens avec liberté, sachant ce que je fais, n'adoptant ce parti qu'après mûres délibérations, qu'après avoir hésité entre plusieurs autres partis; je reviens, dis-je, à mon point de départ primitif, à celui où ma nature intellectuelle m'avait tout d'abord placé. J'y reviens, décidé à prêter l'oreille, à donner croyance entière à tout ce que ma conscience intime me révèlera. Mais ce que je croirai je ne le croirai pas parce que je devrai le croire, parce qu'il faudra que je le croie; je le croirai parce que je voudrai le croire.

A la pensée de cette noble destination intellectuelle qui m'est réservée, je me sens pénétré d'une sorte d'émotion respectueuse. Mon intelligence ne m'apparaît plus, comme naguère, n'ayant rien autre chose à faire qu'à évoquer devant moi de fugitives ombres, un instant sorties du néant pour y rentrer l'instant d'après. Je conçois toute l'importance, tout le sérieux de sa mission dans ma vie. Je conçois de plus que c'est à moi qu'il appartient de la rendre propre à l'accomplissement de cette mission. C'est pour ce motif qu'elle est sous ma main : chose que je sais immédiatement, sans qu'il me soit besoin de longs raisonnemens, car c'est la conscience qui me la dit. Je sais de même que je ne suis pas tenu de laisser ma pensée errer au hasard, qu'il m'appartient au contraire d'en surveiller, d'en diriger les mouvemens. Je sais que mes facultés intellectuelles se mettent en mouvement ou demeurent en repos à ma seule volonté. Je sais que ma volonté les meut dans telle ou telle direction, les fixe sur un objet ou les en détache pour les porter sur un autre. Je sais qu'au moyen d'elles je puis embrasser un objet par tous ses côtés, pénétrer dans son intérieur par toutes ses faces pour y faire en quelque sorte main-basse sur toutes les connaissances à mon usage qu'il peut contenir, ne lâchant prise qu'autant que je le veux bien. Ce n'est donc pas un aveugle hasard, ce n'est donc pas une nécessité inflexible qui font que mes idées naissent ou se succèdent en moi. Ces idées sont bien réellement à moi. Je ne pense que ce que je veux penser. Mieux encore. Si je descends, à l'aide de la réflexion, jusque dans les profondeurs cachées de ma nature intime, je ne tarde pas à me convaincre que ce ne sont pas seulement mes pensées successives variables qui sont de ma création, mais, sous quelques rapports, ma faculté même de penser. Le sens par lequel il m'est donné de connaître la vérité se trouve en effet tout-à-fait à ma merci. Il dépend de moi, de moi seul, ou bien de le contrarier sans cesse, à l'aide de subtilités philosophiques, dans les témoignages qu'il rend spontanément, de l'annuler, de l'anéantir pour ainsi dire; ou bien de croire en ses témoignages, d'avoir foi en ses décisions, et par-là de lui donner une vie réelle. Mon organisme intellectuel, l'objet qui le met en jeu est ma pensée; tout cela est donc en ma puissance. Si l'usage que je fais de cette puissance est bon, j'accomplis ma destination; s'il est mauvais, la connaissance et la pensée se corrompent au dedans de moi, et je manque à cette destination. Je ne fais plus un pas dans la vie sans rencontrer l'obscurité, l'erreur, l'incrédulité. Il est donc un but vers lequel, d'après ce qui précède, mes facultés intellectuelles ne doivent jamais cesser d'être tendues; c'est de savoir ce que veut de moi la voix intérieure, puis comment l'exécuter. Si mes pensées diverses n'étaient pas seulement pour moi autant de moyens d'atteindre ce but, elles ne seraient vraiment qu'un emploi mal entendu de mes forces et de mon temps. Ce serait un tort à moi de ne savoir tirer d'autre parti des facultés dont j'étais doué pour un usage sérieux, que de les prostituer ainsi à un jeu frivole et puéril.

Ce tort serait d'autant plus grand que j'ai mieux que l'espérance, que j'ai la certitude que mes efforts vers le but qui m'est désigné ne demeureront point inutiles. La voix intérieure ne me prescrit rien qui ne doive être réalisé. La preuve en est que c'est toujours dans le domaine de la nature, jamais ailleurs, jamais au-delà qu'elle m'ordonne d'agir. Or, la nature n'est point chose qui me soit étrangère, qui n'ait aucun rapport avec moi, qui pour moi doive être impénétrable. La nature n'a pas au contraire de mystère si obscur, de replis si caché qu'il ne me soit donné d'y pénétrer; ses lois lui sont imposées par ma pensée; elle n'exprime qu'un ensemble de rapports de moi-même à moi-même; il m'est donc possible de l'explorer avec le même succès que je me suis exploré moi-même. Il y a pour moi certitude de rencontrer au sein de son immensité ce que j'y dois chercher; il n'est question que je doive m'abstenir de lui adresser. La réponse ne se fera pas inutilement attendre.

I.

La voix intérieure en laquelle je crois, sur l'autorité de laquelle je crois en tout ce que je crois, ne m'ordonne pas l'action en général. Ordonnée de cette façon, l'action serait même de toute impossibilité; car toute notion générale n'est jamais la notion d'une chose réellement existante. Un fait général ne représente pas non plus un fait réellement arrivé, bien que cette notion ou ce fait général soient tous les deux abstraits par la réflexion de notions de choses réellement existantes, de faits réellement arrivés. Mais ce que m'ordonne la voix intérieure, c'est toujours une action déterminée qu'il s'agit d'exécuter dans telle circonstance donnée. Or, jamais, dans aucune circonstance de ma vie, pourvu que j'aie voulu l'écouter, elle ne s'est refusée à m'enseigner ce que j'avais à faire, à m'approuver dans ce que j'ai fait; elle détermine ma conviction, elle entraîne impétueusement mon assentiment; je ne saurais lui résister.

Lui prêter une oreille attentive, lui obéir en toutes choses, sans réserve, sans restriction, voilà quelle est ma vraie destination.

Par-là ma vie reprend de la vérité, recouvre pour moi une signification; car je sais qu'elle ne contient aucun événement qui ne doive s'y trouver, qui ne s'y trouve à cause de moi, qui ne s'y trouve afin de me fournir l'occasion de manifester extérieurement les déterminations qui me sont prescrites par la voix intérieure. Connaître ces déterminations est le rôle de mon intelligence ; les réaliser doit être le but de tout emploi de la force qui m'a été donnée. La réalité et la vérité de toutes choses sortent donc ainsi du néant à la voix de ma conscience. Ainsi encore ce serait faillir à ma destination que de refuser obéissance à cette voix.

Mais cette destination je ne puis l'accomplir qu'à la seule condition de croire réelles les choses dont la conscience suppose la réalité dans ce qu'elle me prescrit. Je veux dire que s'il est vrai, que si c'est une vérité primitive, absolue, que si c'est le fondement de toute vérité secondaire et relative, qu'obéir à ma conscience soit ma destination, il doit être vrai en outre, il doit être vrai de toute nécessité, qu'il faut que j'aie foi entière en la réalité des choses que je me trouve dans l'obligation de supposer réelles afin de pratiquer cette obéissance.

Ce sera donc vainement qu'une spéculation

qui se sera égarée en s'exaltant aura prétendu m'enseigner que la foule des apparitions qui dans l'espace se montrent semblables à moi n'ont pas d'existence réelle. Quand la spéculation me dira que si je conçois ces apparitions comme des êtres semblables à moi, que si je me fais de ces êtres les mêmes notions que je me fais de moi, c'est en vertu d'une loi de ma pensée qui m'oblige à transporter au dehors ce qui est au dedans de moi; qu'en vertu de cette loi je les ai moi-même enfantés; je ne la croirai pas. Je ne pourrais pas le croire; car en même temps la conscience intérieure, élevant la voix pour faire retentir d'autres paroles, me dira de son côté : « Ce
« que sont en elles-mêmes ces apparitions est
« chose ignorée de nous. Mais une chose ne
« l'est pas, une autre chose est certaine, c'est
« que tu dois les considérer, toi, quelles
« qu'elles puissent être d'ailleurs, comme des
« créatures libres, indépendantes de toi, exis-
« tantes par elles-mêmes. Commence donc

« par supposer qu'elles le sont; admets en-
« suite que chacune d'elles, dans le légitime
« usage de la liberté, s'étant choisi un but, tu
« ne dois apporter aucun obstacle aux efforts
« qu'elle fera pour l'atteindre. Favorise au
« contraire ces efforts de tout ton pouvoir;
« respecte la liberté dans autrui; embrasse la
« destination des autres avec autant d'amour
« que ta propre destination. » — Or, la voix
de ma conscience n'aura pas vainement re-
tenti à mon oreille, car ce qu'elle me dit de
faire, je le ferai. Les êtres au milieu desquels
je vis deviendront pour moi ce qu'elle m'as-
sure qu'ils sont, des êtres réels, indépendans
de moi, marchant à leur but en pleine liberté; et de ce point de vue, auquel je me
tiendrai constamment, je verrai les idées bizarres qu'avait fait naître en moi la spéculation s'effacer de mon esprit comme un songe
bizarre. Ce ne sera pas toutefois par la puissance de ma pensée, il est important de le
remarquer, que je me représenterai ces êtres

comme semblables à moi : ce sera en vertu de l'autorité de ma conscience, parce que ma conscience me dit : « Dans l'usage de ta li-« berté, arrête-toi ici. Arrivé ici, crains de « gêner la liberté d'autrui en allant au-delà. » — Ce n'est qu'alors en effet que je me suis fait, à l'aide de la pensée, la notion d'êtres semblables à moi, indépendans de moi, existant par eux-mêmes, et que bien certainement je ne pourrais croire autres que cela, à moins que je ne méconnusse entièrement, soit dans la spéculation, soit dans la vie pratique, l'autorité de ma conscience.

Dans l'espace se montrent aussi des apparitions d'une autre sorte, que je ne prends pas cette fois pour des êtres semblables à moi, dans lesquelles je vois au contraire des choses inanimées, dépourvues de raison. Pour celles-ci, ce n'est qu'un jeu à la spéculation de démontrer qu'elles sont nées de ma faculté d'avoir des représentations et des actes auxquels m'entraîne cette faculté. Mais j'ai néan-

moins, de toute nécessité, le besoin, le désir de ces choses. Or, de la notion subjective d'une chose ne s'ensuit pas la réalité objective de cette chose. De la faim ou de la soif, par exemple, ne se crée rien que je puisse boire ou manger : force est donc pour moi de croire à la réalité extérieure des choses qui se trouvent être en rapport avec moi, soit qu'elles menacent ma vie, soit qu'elles doivent en être les soutiens, les alimens. Mais si je fais un pas, si j'étends la main sur celles de la seconde espèce, par exemple (car il nous suffira de parler de ces dernières), se mettant entre elles et moi, intervient la conscience pour régler l'usage que je dois en faire, pour imposer un frein à mes appétits sensuels.—«Tu te trouves,
« dit-elle, dans l'obligation d'entretenir, de
« renouveler tes forces physiques, auxquelles
« sont liées tes facultés morales, ce que tu ne
« peux faire qu'au moyen de l'usage de cer-
« taines choses extérieures : use donc de ces
« choses. Mais comme en dehors de toi sont

« d'autres êtres, tes semblables, qui ne peu-
« vent aussi entretenir et renouveler leurs
« forces qu'au moyen des mêmes choses que
« toi, il est nécessaire de t'astreindre à cer-
« taines règles dans l'usage que tu en fais; car
« il convient d'admettre ces autres êtres, tes
« semblables, à faire de ces choses l'usage que
« tu en fais toi-même. Si tu considères comme
« à toi, comme t'appartenant, celles qui te
« sont tombées en partage, considère aussi
« comme leur appartenant, comme étant à
« eux, celles qui leur sont échues. » — Ainsi
donc, si je veux agir, si je veux penser, sous
l'empire de cette révélation de ma conscience,
je me trouverais contraint de considérer ces
choses comme indépendantes de moi, comme
existantes par des lois qui leur sont propres. Il
me faudra croire à ces lois; il me faudra faire
un effort pour les connaître. Et, dès lors, à ce
contact continuel avec la réalité se dissiperont
les doutes de la spéculation, comme au soleil

levant se dissipent les brouillards du matin.

En un mot, le rôle de la réalité extérieure n'est pas seulement de fournir matière à mes intuitions; ce n'est pas seulement pour me servir d'un vain spectacle, c'est pour me fournir des occasions d'agir et des moyens d'action qu'elle a été placée devant moi. Or, je n'ai qu'une seule chose à faire dans ce monde; il en est une du moins qui embrasse toutes les autres, et cette chose c'est accomplir ma destination, remplir mes devoirs. Le monde est pour moi l'objet du devoir, la sphère où s'accomplit le devoir. Il n'est rien d'autre, rien de plus pour moi ou pour tout être fini; il serait même de toute impossibilité qu'il fût autre ou qu'il fût quelque chose en sus de cela; en d'autres termes, qu'un autre monde existât pour nous; car, pour un être fini, il n'est de monde possible qu'en vertu, qu'au moyen du rapport que je viens de signaler entre ce monde et lui. La réalité se présenterait d'elle-même à nous sous quelque autre point de vue que nous manquerions d'organes pour la saisir.

A cette question que je me suis faite souvent : Le monde dont j'ai la représentation a-t-il une existence réelle? je ne saurais par conséquent trouver une réponse plus inaccessible à toute objection que ce qui suit : En moi se trouve la conscience de certains devoirs auxquels je ne pourrais concevoir d'objet, que je ne saurais mettre en pratique ailleurs que dans un monde identique à celui dont j'ai la représentation. Ce monde existe donc. Bien plus, celui qui n'aurait jamais songé qu'il y a des devoirs à remplir dans le monde, en admettant qu'il pût se rencontrer un seul homme dans ce cas, ou celui qui n'aurait songé que vaguement à ces devoirs sans jamais se mettre en peine du moyen de les remplir, celui-là, dis-je, n'aurait encore foi à la réalité extérieure, n'entrerait pour ainsi dire dans le monde matériel qu'à l'occasion, que par le moyen d'une notion qu'il se serait faite d'un monde moral ; car il ne manquera pas d'aller réclamer un droit dans ce monde matériel où ne l'aura pas conduit la pratique du devoir ; il prétendra que les autres soient en toutes circonstances, pour lui, ce qu'il ne songe nullement à être pour les autres ; il exigera qu'on en agisse vis-à-vis de lui avec égard, avec réflexion, qu'on le traite en être libre, raisonnable, existant par soi-même, nullement en chose inerte, dépourvue de raison. Or, vouloir tout cela, c'est se supposer en rapport avec d'autres êtres capables d'agir avec égard et réflexion ; avec des êtres libres, raisonnables, existant par eux-mêmes ; avec des êtres enfin qui eux-mêmes ne soient pas choses inertes, dépourvues de raison, aveugles instrumens aux mains d'une force étrangère. Cet homme dont nous parlons ne se proposât-il d'autre but dans la vie que celui de jouir des objets matériels dont il pourra s'emparer, encore ne voudrait-il être troublé, empéché par personne dans cette jouissance. Dès lors il se trouvera contraint d'avoir recours à la loi morale, car parmi ces objets il n'en est aucun d'assez misérable, d'assez vulgaire pour lequel il ne faille toute l'autorité de la loi morale pour l'en mettre en possession. Or, comme il n'est donné à aucun être doué de conscience de se dépouiller de cette volonté de faire respecter d'autrui sa propre indépendance, tous les hommes penseront comme cet homme, et celui qui n'aurait pas trouvé dans le sentiment du devoir sa croyance au monde extérieur le trouvera nécessairement dans cette façon de penser. Un homme se rencontrerait-il en effet qui sérieusement, non plus seulement pour en faire un jeu d'esprit, voulût nier sa destination morale, la réalité du monde extérieur, de son existence et de la vôtre! Faites sur lui l'application de son propre système. Pendant quelques instans traitez-le comme s'il disait vrai, comme s'il était bien certain qu'aucune chose n'existe, que lui-même n'est pas, ou qu'il n'est du moins qu'une matière inerte. La plaisanterie ne sera pas long-temps de son goût; il ne tardera pas à s'écrier que vous avez tort d'agir comme vous faites, que cela ne peut vous être permis, que vous ne le devez pas. Que vous ne le devez pas? ce qui sera tout à la fois confesser votre existence et la sienne, et, mieux encore, prétendre qu'à son égard certains devoirs vous ont été imposés.

Les choses extérieures n'ont d'existence pour nous qu'autant que nous les savons. Nous-mêmes n'existons pour elles qu'à cette condition. Les impressions que font sur nous ces choses ne sont pourtant pas le germe d'où est sortie notre conscience de la réalité extérieure; de vains simulacres nés en nous de l'imagination ou de la pensée, et d'où ne peuvent naître que d'autres simulacres aussi vides qu'eux-mêmes, ne le renferment pas davantage; mais c'est de notre croyance en notre liberté, en nos facultés, en nos actes, qu'est vraiment sortie, que s'est développée en nous notre conscience du monde réel. Cette conscience qui vient d'une croyance n'est donc elle-même qu'une croyance. Nous avons d'abord en effet la croyance que nous agissons, puis que nous agissons de telle et telle façon, puis enfin que les actes que nous exécutons s'accomplissent dans une sphère donnée que nous appelons le monde. De la nécessité d'agir où nous nous sommes trouvés est donc née en nous la conscience du monde réel. Mais la réciproque n'a pas lieu; car nous n'agissons pas parce que nous savons, et tout au contraire nous savons parce que nous agissons. La raison spéculative a ainsi ses racines dans la raison pratique. Or, comme ce sont les lois qui régissent nos actes, dont nous avons la certitude immédiate, qui nous donnent en même temps la certitude du monde extérieur, il en résulte que nous soustraire à ces lois serait anéantir du même coup et le monde et nous-mêmes. C'est donc la loi morale qui nous a tirés du néant; c'est donc la loi morale qui nous empêche seule d'y retomber.

En agissant je produis un effet qui ne se produit pas ou cesse de se produire si je m'abstiens ou me suis abstenu d'agir. Or, la condition nécessaire de tout acte produit en moi, c'est que pour agir je me sois proposé un but distinct de l'acte. Mon attention doit se trouver dirigée sur une chose qui non-seulement ne soit possible qu'au moyen de l'acte que j'exécuterai, mais qui de plus ne le soit qu'au moyen de cet acte. Je ne puis vouloir sans vouloir quelque chose. Toute autre supposition serait en contradiction avec ma nature intime. A tout acte se rattache donc immédiatement, en vertu des lois de la pensée, une chose encore à venir, à laquelle l'acte se rapporte comme l'effet à la cause. Mais il est important de remarquer que ce n'est pas de lui-même que le but de l'acte se pose immédiatement devant moi; qu'au lieu de cela il m'est donné par ma nature intime. De plus, quoique ce soit le but qui détermine la façon dont il convient que j'agisse, je ne commence pas par l'apercevoir, devant chercher ensuite la façon dont il convient que j'agisse pour l'atteindre. Au contraire, agissant de telle ou telle façon, selon qu'il est nécessaire que j'agisse, j'agis d'abord. C'est là le fait primitif, et c'est alors seulement que la voix intérieure me dit : un résultat a nécessairement été produit, puisque tu as agi. Ce résultat est nécessaire, parce que j'ai agi nécessairement de la façon que j'ai agi, et que tout acte n'est qu'un moyen. En d'autres termes, je veux avoir produit un résultat, parce que j'ai agi de manière à le produire; ce n'est pas parce que devant moi se trouve tel but que j'agis comme je le fais; mais il arrive que ce but s'est trouvé devant moi parce que j'ai agi ainsi que j'ai agi. Je n'ai pas faim, par exemple, par la raison qu'en face de moi se trouve quelque chose à manger; mais je ferai en sorte de me procurer quelque chose à manger, parce que j'ai faim. Pour m'exprimer, en un mot, de la manière la plus générale, je dirai : Le point par lequel passera la ligne quelconque que je décrirai ne se montre pas d'abord à moi, déterminant par sa position dans l'espace la direction de la ligne que je dois tirer, l'angle qu'elle fera avec une autre ligne précédemment tirée; mais je tirerai cette ligne spontanément, de moi-même, à angle droit, par exemple, avec une autre ligne; et par cette dernière circonstance se trouveront déterminés la direction que suivra la ligne nouvelle, ainsi que les points par où elle passera; c'est enfin le commandement de la conscience qui détermine le but, non le but qui détermine le commandement.

La croyance intime que mes actes sont nécessairement suivis d'un résultat accompagne donc chacun d'eux, et c'est le point d'où pour la première fois vient briller à mes yeux la perspective d'un autre monde. De là j'aperçois pour la première fois un monde autre et meilleur que notre monde actuel, un monde non d'action comme celui-ci, mais d'intuition ; un monde vraiment intellectuel auquel j'aspire, vers lequel je tends par toutes les facultés de mon ame. Je sens que c'est là que doit s'accomplir ma destination. La conscience me le dit. Puis, en même temps qu'elle me le révèle, elle m'en ouvre le chemin, m'enseignant que c'est en pratiquant ce qu'elle m'ordonne de faire que j'y parviendrai. Or, la conscience ne saurait m'avoir leurré d'une fausse espérance. Je voudrais le croire que je ne le pourrais pas. Je puis donc contempler ce noble but en même temps que pratiquer ce qui doit m'y conduire. Je peux donc vivre déjà dans le monde qui m'a été promis pour l'avenir.

———

Ce n'est pas d'aujourd'hui d'ailleurs qu'existe en moi cette conviction. Long-temps avant que la conscience n'eût parlé avec son irrésistible autorité, je ne pouvais contempler un seul instant le monde actuel sans que je ne sentisse surgir en moi, dirai-je l'espérance? dirai-je le désir? non, mieux que cela, plus que cela, l'irréfragable certitude d'un autre monde. A chaque coup d'œil que je laissais tomber sur les hommes ou sur la nature, à toute réflexion que faisait naître dans mon esprit le contraste bizarre de l'immensité des désirs de l'homme et de sa misère actuelle, une voix intérieure s'élevait en moi pour dire : Oh! rien de tout cela n'est, ne peut être éternel. Sois-en bien convaincu, un autre monde existe, un monde autre et meilleur.

S'il n'en était pas ainsi, si cette terre, au lieu de n'être pour l'homme qu'un lieu de passage, devait renfermer toute sa destinée; si la condition actuelle de l'humanité, au lieu de n'être qu'un échelon dans l'enchaînement progressif des destinées humaines, devait être éternelle, le monde au milieu duquel je vis ne semblerait plus qu'une bizarre illusion dont je serais condamné à être la dupe et la victime; mon existence terrestre ne serait plus pour moi qu'une sorte de jeu tout à la fois douloureux et puéril auquel m'aurait voué une main inconnue. Et où trouverais-je alors, grand Dieu! assez de courage pour en supporter le fardeau? Dans quelle pensée puiserais-je la résignation d'en traîner long-temps les fatigues et la misère? Dans quel lieu pourrais-je reposer un instant ma tête à l'abri du mécompte et de la douleur? Ma vie entière serait-elle autre chose qu'un long effort, plein d'amertume et d'angoisses, vers un avenir mystérieux et terrible?

Je mange et je bois afin d'avoir encore faim et soif pour boire et manger de nouveau. La tombe sans cesse entr'ouverte saisit enfin sa proie : j'y descends pour devenir la pâture des vers, et je laisse derrière moi des êtres semblables à moi, afin qu'ils boivent, mangent aussi, jusqu'à ce qu'ils meurent remplacés eux-mêmes par d'autres êtres semblables à eux, qui à leur tour viendront aux mêmes lieux faire les mêmes choses : voilà ma vie ! voilà le monde ! c'est une courbe qui revient éternellement sur elle-même. C'est un fantastique spectacle où tout naît pour mourir et meurt pour renaître. C'est une hydre aux innombrables têtes, ne se lassant jamais de se dévorer pour se reproduire, et de se reproduire pour se dévorer encore.

Croirais-je donc que c'est dans le cercle de ces éternelles et monstrueuses vicissitudes que doivent se consumer en efforts inutiles toutes les forces de l'humanité ? Ne croirais-je pas plutôt que si l'humanité les subit, c'est momentanément, dans le but d'arriver à un état qui demeurera définitif, pour parvenir enfin à un lieu de repos où, se remettant de tant de fatigues, elle demeurera immobile, pendant l'éternité, au-dessus des flots agités de l'océan des âges.

Sur notre terre il n'est pas un instant où je ne la voie aux prises avec une nature ennemie. La grande majorité des hommes passe sa vie dans les plus rudes travaux pour se procurer à elle-même et à un petit nombre d'oisifs une subsistance précaire ; et ce sont pourtant des esprits immortels que ces hommes dont toutes les facultés se consomment ainsi en pénibles efforts sur la terre qui les nourrit ! Souvent, au moment où le cultivateur croit toucher au moment de l'abondance et du repos, un ouragan vient détruire en un instant le fruit de ses sueurs de l'année. La misère et la faim deviennent alors le partage de l'honnête homme, de l'homme laborieux. Des inondations, des tempêtes, des volcans, promènent la dévastation sur la terre, ensevelissant dans un même chaos de mort et de destruction les œuvres savantes de l'intelligence, et l'intelligence même qui les a conçues. La maladie ne se lasse pas de creuser d'une main impitoyable mille tombes prématurées, où s'engloutissent à la fois l'homme dans la fleur de l'âge et l'enfant dont la vie s'efface sans laisser de traces. La peste se plaît à visiter les cités opulentes et peuplées; puis derrière elle, dans ces mêmes lieux où se montraient tous les prodiges de l'industrie, demeurent un petit nombre de veuves et d'orphelins incapables dorénavant de disputer le terrain au désert, à la stérilité. Eh bien! encore une fois, si c'est là le monde, ce monde ne saurait être éternel. Il en existe un autre; car j'ai au dedans de moi une conviction qui demeure inébranlable en face d'un tel spectacle, c'est qu'aucune des choses qui ont manifesté à mes yeux la puissance de l'homme ou brillé de l'éclat de son intelligence ne peut s'effacer de la terre sans avoir été de quelque utilité à l'homme. L'homme est, il est vrai, condamné, je ne le sais que trop, à voir quelques-unes de ses œuvres brisées avant le temps. Toutefois celles-là même ne sont pas perdues pour lui : c'est un tribut qu'il doit payer, un holocauste qu'il est tenu d'offrir à l'activité des forces désordonnées de la nature, mais au moyen duquel il occupe, endort, assouvit pour un moment cette énergie dévastatrice qu'elles font éclater dans les tempêtes de l'Océan, les tremblemens de terre, les éruptions volcaniques. Ce sont là en effet de subites explosions d'une immense puissance de dévastation devant laquelle s'anéantit encore aujourd'hui la puissance créatrice de l'homme. Mais ce sont aussi les dernières résistances de la nature indomptée au mouvement régulier, progressif, harmonique qui lui est imprimé. Ce sont les dernières convulsions du chaos à l'enfantement du globe. Après cela, après que ces résistances seront devenues insensibles, que ces convulsions seront calmées pour toujours, la terre sera vraiment digne d'être considérée comme l'habitation de l'homme. La nature n'aura plus que des mouvemens harmoniques faciles à prévoir, à calculer; elle n'opposera plus à l'homme que le degré de résistance dont il est donné à l'homme de triompher. Lui-même, par chacun de ses efforts, par chacun de ses actes, indépendamment d'ailleurs de l'intention qu'il s'est proposée, ne cesse de la pousser au but vers lequel sa marche n'est jamais suspendue; car aucune œuvre humaine ne peut se produire dans le domaine de la nature qu'il ne s'en développe nécessairement quelque principe d'une activité salutaire et vivifiante. La culture, par exemple, la culture affaiblit, dissipe peu à peu les vapeurs malfaisantes des forêts et des marais. Des terrains défrichés s'étendent çà et là. Ils se couvrent de riches moissons. Des émanations salubres s'en répandent dans une atmosphère doucement échauffée des rayons du soleil; et là nous ne tardons pas à voir vivre, travailler, s'agiter une population riche, animée, bien portante. Puis ce n'est pas non plus dans les seules limites de ces travaux matériels que s'arrête l'activité intellectuelle de l'homme. Éveillée d'abord par l'aiguillon de la nécessité, la science pénètre ensuite à loisir, pas à pas, dans le sein de la nature. Elle en contemple la puissance infinie dans son germe, la suit dans ses rayonnemens, s'efforce de l'embrasser dans l'ensemble des lois du monde. Alors il se forme dans l'intelligence de l'homme une seconde nature, nature idéale, image fidèle de la nature réelle, reproduisant celle-ci trait pour trait. Or, comme il n'est aucune vérité conquise sur le présent par la raison de l'homme qui ne soit en même temps un germe déposé dans le temps, d'où le temps fera éclore une vérité nouvelle ; comme il n'est pour ainsi dire parcelles de lumière dont il ne s'empare qui, à l'aide des siècles, ne doivent devenir dans ses mains autant de flambeaux éclatans, à leur clarté il verra se dissiper un jour les dernières ténèbres qui lui déroberaient les mystères les plus cachés de la nature. Les derniers voiles du sanctuaire seront levés, et alors, d'un pas hardi, l'homme pénétrera dans l'intimité même de la nature pour s'en emparer, pour s'en rendre le maître absolu. Alors aussi de nouveaux labeurs ne lui seront sans doute point nécessaires pour jouir du fruit de ses travaux passés. Il lui sera donné de gouverner en maître sa nouvelle conquête, de régner sur elle en souverain absolu, en employant moins de forces matérielles qu'il ne lui en faut peut-être aujourd'hui pour entretenir et conserver sa seule organisation physique. Il le faut bien, car ce noble prix de tant d'efforts ne saurait être payé de travaux sans cesse renaissans; la couronne de l'humanité ne saurait être un fardeau pour l'homme. La destinée d'un être intelligent ne peut être de ramper éternellement sous un poids qui accablerait ses forces.

Mais ce n'est pas la nature seule, c'est aussi sa propre liberté qui pour l'homme est une source de maux cruels. Dans le monde entier l'homme n'a pas d'ennemi plus terrible, plus implacable que l'homme. Dans les déserts, dans les forêts où errent les sauvages en hordes éparses, s'ils se rencontrent c'est pour se combattre, c'est pour que le vaincu serve au festin du vainqueur. La civilisation en fait-elle des peuples, ils s'attaquent aussitôt avec toutes les armes nouvelles que cette civilisation leur a mises aux mains. Regardez sur l'Océan ces immenses, ces magnifiques vaisseaux qui le sillonnent en sens opposés; il n'en est aucun dont la construction et l'armement n'aient épuisé les plus sublimes inventions de l'intelligence humaine. Eh bien! ce qu'ils recèlent dans leurs flancs ce sont des hommes qui sur les flots mugissans, à travers les vents impétueux, courent se précipiter vers d'autres hommes; et à peine se seront-ils aperçus qu'on les verra, d'une ardeur égale, braver de concert les fureurs des élémens pour s'entre-détruire de leurs propres mains. Dans l'État, sous les apparences extérieures de la justice et des lois, c'est encore la guerre; c'est même pire encore; car cette fois c'est une guerre de ruse, de perfidie, où les coups se portent dans l'ombre, où, pour la victime d'une injuste agression, il n'est aucun moyen de s'en défendre. Là tout peuple est inévitablement divisé en deux portions. D'un côté se trouve la multitude plongée dans l'ignorance, la misère, l'abrutissement; puis de l'autre un petit nombre qui, dans cette ignorance, dans cette misère, dans cet abrutissement, verra des sujets de se féliciter, de se réjouir hautement. Ce sont les moyens par lesquels il règne, il domine. Au besoin il les accroîtrait encore. Là, malheur à l'homme de bien qui propose une réforme, réclame une amélioration; d'innombrables intérêts se soulèvent aussitôt prêts à engager une lutte qui ne peut manquer de lui être fatale. Interprète fidèle de la vérité, peu prodigue par conséquent de promesses magnifiques, il n'éblouit, ne séduit, n'entraîne personne; il demeure seul; et cependant il a suffi de son aspect pour qu'une subite alliance se trouvât tout à coup formée entre les méchans, à moins de cela toujours en guerre. Une multitude se réunit contre un seul homme : pourtant à peine serait-il besoin du moindre effort pour accabler ce dernier. Au train ordinaire des choses, il a pour ennemis naturels l'ignorance, les préjugés, les défiances de tous, les vanités de quelques-uns. Il a contre lui jusqu'aux bonnes intentions des gens de bien eux-mêmes. Car parmi ces derniers aucun lien n'est solide, aucune union durable. Chacun veut exécuter seul ce qui serait à peine faisable par les efforts réunis de tous. L'un se voit accusé d'une fougueuse impatience, d'une ardeur intempestive qui compromet tout pour ne savoir pas attendre ; l'autre d'une lenteur par trop circonspecte, pour qui n'arrive jamais le moment d'agir. Ils se renvoient de la sorte mille et mille autres accusations, parmi lesquelles celui qui sait tout peut seul savoir celles qui sont fondées. La chose la plus importante à réaliser pour chacun est celle pour laquelle il se sent le plus de capacité : c'est pour lui la pierre fondamentale sur laquelle il suppose que doit s'élever tout l'édifice des perfectionnemens de l'avenir. Il sommera tous les autres de s'unir à lui pour cette œuvre. S'ils refusent, il les accusera de trahison à la bonne cause ; ils ne manqueront pas de lui renvoyer aussitôt le reproche ; et c'est ainsi que s'effacent de la terre, sans laisser de traces, les intentions les plus pures et les plus nobles efforts ! le monde n'en allant ni mieux ni pis que s'il était livré à un aveugle mécanisme pour l'éternité.

———

Pour l'éternité ?..... Le monde ne serait plus alors qu'une odieuse énigme dont le mot nous serait refusé. Mais cela est-il ? examinons.

Dans ce monde j'aperçois des hommes à l'état sauvage. Mais comme les hommes ont en eux toutes les conditions d'un développement intellectuel et social, cela me suffit pour m'empêcher d'admettre que ce dévelop-

pement leur sera refusé. Je me sens révolté
de la seule pensée que des hommes pourraient bien n'être que des animaux; le fussent-ils d'une espèce supérieure aux autres.
Que seraient en effet les sauvages, si cela était,
sinon un contresens bizarre, une choquante
anomalie dans l'ordre du monde? Aussi cela
n'est pas, j'en trouve une preuve sans réplique dans ce fait : c'est que les peuples du Nouveau-Monde les plus civilisés à l'époque de sa
découverte avaient incontestablement des
sauvages pour ancêtres. — Ici plusieurs questions se présentent. — La civilisation se développé-t-elle spontanément? S'élance-t-elle
d'elle-même du sein des premières agrégations d'hommes que le hasard a formées?
Doit-elle au contraire, par la nature même
des choses, être toujours enseignée à l'homme, de sorte que, lorsqu'on en veut trouver
la source première, on arrive nécessairement,
remontant d'enseignemens en enseignemens, jusqu'à une révélation primitive? C'est

ce que nous ignorons; c'est même ce que nous ignorerons probablement toujours. Mais ce que nous savons dès à présent, car pour le savoir il nous suffit de jeter un seul coup d'œil sur le spectacle que nous offre le monde, ce que nous savons, dis-je, c'est que les peuplades qui jusqu'à présent sont demeurées les plus éloignées de la civilisation, à leur tour y parviendront. Suivant, comme elles le font, les chemins battus jusqu'à présent par les nations civilisées, elles arriveront sans doute au même degré de civilisation que celles-ci, c'est-à-dire à cette sorte de civilisation matérielle d'où ne sont point encore dégagées celles de ces nations qui sont les plus avancées de notre époque. Devenues alors parties intégrantes de l'association générale, elles participeront à tous les progrès de l'avenir.

Remarquez en effet qu'il est tellement dans la destination de notre espèce de tendre à se constituer en un seul corps homogène dans son ensemble que depuis l'origine du monde nos passions, nos vices, nos vertus, les événemens qui en ont été les résultats n'ont pas cessé de nous pousser à ce but. Le chemin que nous avons fait nous est un sûr garant que nous ferons de même, lorsque les temps seront venus, celui qui nous reste à faire.

Il est vrai que si l'on veut se convaincre de ces progrès immenses et continus de l'humanité, il ne faut pas, essayant de pénétrer dans l'intimité même de la nature humaine, aller demander à l'homme s'il est maintenant meilleur qu'il n'a été. Il ne faut pas non plus comparer, sur certains points isolés d'organisation sociale et de culture intellectuelle, nos temps modernes et l'antiquité : il pourrait même se faire qu'à ce point de vue l'humanité parût quelquefois avoir reculé, non pas avancé. Ce qu'il faut faire, c'est d'examiner si, antérieurement à l'époque actuelle, une autre époque a existé où la civilisation ait régné sur un plus grand nombre, ait tenu sur la terre une plus grande place. Or, du premier coup d'œil on ne manquera pas de se convaincre qu'à l'origine des âges, partant de quelques points isolés comme d'autant de sources diverses d'où elle n'a cessé de se répandre, de découler pour ainsi dire en tous sens, la civilisation n'a jamais couvert un aussi grand terrain qu'aujourd'hui; puis, comme cette diffusion ne laisse pourtant pas que de continuer sous nos yeux, il faudra bien admettre en outre que cela n'arrive que parce qu'il lui est donné d'atteindre aux extrémités de la terre habitable. Un jour donc, la civilisation régnera sur l'universalité des peuples. C'est à cause de cela, sans doute, que ceux qui les premiers en ont atteint l'apogée nous paraissent dès lors stationnaires, immobiles. Arrivés les premiers à un point de repos ménagé à l'humanité dans la continuité de son développement, ils doivent attendre que les autres peuples s'y soient ralliés. Mais alors tous ensemble se remettront probablement en marche encore une fois vers de nouvelles destinées, vers une civilisation plus élevée, dont, quant àprésent, nous ne pouvons peut-être nous faire la moindre notion.

C'est là le mouvement général de l'humanité; mais en même temps qu'il s'accomplit, il s'en passe un autre dans l'intérieur même de chaque nation. A l'origine de tout état, une certaine quantité de résistances se sont nécessairement manifestées contre son institution. Ces résistances le temps commence par les dompter; il va même jusqu'à donner ensuite une sorte de sanction à certains abus, à certains priviléges qui ne manquent jamais de s'établir dans les sociétés dès leur origine. Mais cela ne peut pourtant suffire à ceux à qui ces abus sont favorables, qui jouissent de ces priviléges. A peine cessent-ils d'être inquiétés dans leurs usurpations primitives que, poussés par une insatiable ambition, ils ne cessent de courir à des usurpations toujours nouvelles, jusqu'au moment où l'oppression n'ait épargné personne, ait atteint son plus haut degré, soit devenue intolérable pour tous. Mais alors ceux qui long-temps ont gémi courbés sous ce joug de fer se relèvent enfin et le brisent pour toujours. Ils se posent fièrement en face de leurs dominateurs. Or, ceux-ci, dont le nombre est faible, dont la puissance a perdu le prestige qui en était la force, n'ont plus qu'à choisir entre deux partis : s'exiler pour toujours du sein de leur patrie, ou bien s'aller confondre dans les rangs de ceux qui naguère encore étaient leurs sujets. Car le premier devoir des citoyens devenus libres a été de s'assurer les avantages de cette liberté au moyen de conventions dont les engagemens doivent être fondés sur une réciprocité complète, puisque, en tant que tous apportaient des droits égaux, c'était pour soi que chacun contractait. Il n'y a plus là de maîtres contractant pour des esclaves dont il ne partageront jamais le sort, dont les souffrances ne seront jamais les leurs : ce temps est passé pour toujours. Aussi ces nouvelles conventions, bien différentes de ces lois superbes où d'antiques dominations se sont écrites en face de hordes tremblantes, effrayées, ces conventions qui mettent chacun a même de repousser l'usurpation, l'injustice, et ne laissent à aucun l'espoir d'en profiter, ces conventions méritent seules le beau nom d'institutions sociales. Seules elles sont les bases légitimes des associations humaines. A elles seules il appartient de constituer des sociétés où l'individu se trouve forcé dans son propre intérêt de respecter les intérêts de tous ; où, par la nature même de l'institution, il ne pourrait faire souffrir un dommage à quelque autre sans en souffrir lui-même. La paix intérieure, la tranquillité publique, seront donc assises sur les plus fermes fondemens.

Mais ce n'est pas tout. On conçoit qu'un état ainsi organisé devra s'appliquer à ne laisser aux citoyens aucune habitude d'injustice, de violence, de pillage. Il voudra leur enlever jusqu'à la pensée pour ainsi dire d'un avantage quelconque qui serait obtenu autrement que par le travail et l'industrie, ailleurs que dans le cercle tracé par la loi. Pour atteindre ce but il ne saurait manquer de prévenir avec vigilance, de réprimer avec sévérité tout attentat dont se rendrait coupable un de ses sujets à l'égard de quelque autre sujet d'un état étranger. Et par-là il aura presque entièrement tari la source des griefs d'état à état. Ce n'est pas en effet à l'occasion des relations de deux états comme états que peut naître entre eux la mésintelligence : à parler à la rigueur, ce genre de relations n'existe même pas : il y a seulement certains rapports entre leurs sujets ; de sorte que s'il arrive que l'un d'eux ait un motif de plaintes contre l'autre, ce ne peut être qu'en raison de quelque dommage éprouvé par l'un de ses sujets ; donc enfin, le dommage réparé, il n'aura plus rien à exiger. Il est en effet bien inutile de dire que dans de semblables états il ne saurait être question de prérogatives violées, ou de vanités blessées. Quant à devenir conquérans par cupidité, on ne peut supposer qu'ils y voulussent songer; car le butin, au lieu d'être la proie d'un petit nombre, y serait nécessairement, par la nature même de l'institution, également partagé entre tous. Aucun citoyen n'y trouverait par conséquent une compensation suffisante des fatigues et des dangers qu'il aurait eu à braver. Là seulement la guerre peut avoir des partisans, où ses travaux pénibles sont le sort de tous, où ses avantages sont recueillis par quelques-uns. Les états dont nous parlons ne pourraient donc être en guerre, si jamais ils l'étaient, qu'avec des peuplades encore étrangères à la civilisation, ou bien qu'avec des peuples restés esclaves, que leurs maîtres conduiraient à la conquête dans l'espoir d'en profiter; mais heureusement que dans ces deux cas l'avantage ne peut manquer de leur demeurer : dans le premier, en raison de toutes les ressources que créent pour eux les arts de la civilisation; dans le second, en raison de l'intime union qui ne manque pas de régner entre des citoyens dont tous les intérêts sont identiques. Malheureusement un peuple libre ne peut guère vivre entouré des peuples qui ne le sont pas. Les chefs de ces derniers ont un tel intérêt à étendre leur domination que leur existence même est une menace continue contre leurs voisins. Tout peuple libre devra donc vouloir que les autres peuples soient libres aussi. Il ira porter la civilisation aux barbares, la liberté aux esclaves. Puis, comme les peuples qu'il aura éclairés et affranchis, à leur tour éclaireront, affranchiront d'autres peuples, il en résulte qu'il suffit de quelques peuples libres et civilisés pour que bientôt la civilisation et la liberté règnent sur toute la terre avec la paix universelle.

Ce moment où le joug de l'oppression devient pour la première fois intolérable à un peuple ne manque pas d'arriver pour tous. On peut s'en rapporter pour cela à l'orgueilleux aveuglement des dominateurs de tous les temps, à qui le passé n'a jamais offert que d'inutiles enseignemens.

Cependant le mal disparaîtra du milieu des sociétés humaines à l'époque même où sera consommé leur affranchissement. La pensée même du mal s'effacera pour ainsi dire de l'intelligence des hommes. Aucune perturbation nouvelle ne les empêchera plus, dans la suite des temps, de graviter vers le bien par toutes les puissances de leur ame, par toutes leurs facultés intellectuelles. Aucun homme, Dieu merci, ne fait le mal pour le mal; il le fait à cause des avantages qu'il s'en promet. Cet avantage, il ne l'en retire, hélas! que trop souvent dans l'état actuel de nos sociétés, où ne se trouve ni vice, ni passion qui n'ait en quelque sorte sa proie assurée tant que durera cet état social. Il est donc impossible de se flatter de voir jamais, même dans l'avenir, une grande amélioration morale dans l'espèce humaine. Mais une fois la société constituée telle que la raison veut qu'elle le soit, telle qu'elle le sera sans doute chez les peuples qui les premiers se seront affranchis, il arrivera qu'une mauvaise action ne procurera à son auteur qu'un préjudice assuré au lieu d'un avantage quelconque. Dans cette société, non-seulement ce serait peine perdue que de vouloir s'approprier un avantage injuste, mais toute tentative de le faire reviendra de plus en quelque sorte à son auteur lui-même pour lui rapporter inévitablement le mal qu'il aurait eu l'intention de faire à autrui. De la sorte le moment arrivera où, dans sa patrie, à l'étranger, sur toute la surface de la terre, le méchant ne trouvera pas à qui nuire impunément; où par conséquent il se trouvera dépouillé de la liberté et de la volonté même de faire le mal; car nous ne pouvons supposer qu'il pût continuer à aimer le mal, si le mal avait pour lui des suites funestes. Mais en même temps il faudra que de son côté l'homme de bien renonce aussi aux nobles prérogatives de la liberté et de la volonté personnelle. Chaque homme ne devra plus se considérer que comme un rouage qu'il est chargé d'engréner pour le mieux dans un mécanisme universel. Alors aussi l'intérêt ne divisera plus les hommes. Au lieu d'user leurs forces à se combattre, ils les emploieront à achever de se soumettre la nature. Le préjudice survenu à l'un ne pouvant profiter à aucun sera considéré par tous comme un préjudice pour la société entière; et il en sera de même de ce qui pourrait être avantageux à l'individu. Là où, par la constitution même de l'état, la personnalité a été brisée, n'est-il pas facile à chacun de concevoir qu'il ne peut perdre ou gagner qu'en même temps que tous les autres? C'est alors aussi, et seulement alors, qu'on pourra dire de chacun qu'il aime son prochain comme lui-même; car il l'aime comme une partie d'un tout dont lui-même est une autre partie. L'anéantissement du mal mettra fin à la lutte entre le bien et le mal, à laquelle ne survivra que peu d'instans celle entre les bons à l'occasion du bien à faire. Il ne tardera pas en effet à devenir évident pour tous que, s'il est nécessaire que le bien soit fait, la vérité trouvée, l'utile exécuté, peu importe par qui. Nul homme ne trouvera donc de difficulté à se subordonner aux autres. Celui-là commandera qui, au jugement de tous, sera considéré comme le plus capable de diriger telle ou telle entreprise.

Voilà la société qui nous attend au bout de notre pélerinage terrestre. La raison nous l'enseigne, nous enseignant en même temps qu'il nous sera donné d'y parvenir. Nous devons en avoir la certitude, de même que nous avons la certitude du monde réel; de même que nous avons celle de l'existence, dans le monde réel, d'êtres doués de raison, dont la vie, si elle ne tendait à cela, n'aurait ni sens ni sérieux. Pour nous, en un mot, entre ces deux croyances pas de termes moyens; il nous faut croire non-seulement cette société possible, mais même réalisable dans un temps donné, ou bien croire que notre apparition sur cette terre n'est en définitive qu'une sorte de drame bizarre, fantastique. Il nous faut croire qu'un mauvais génie, après avoir déposé dans l'intimité de notre nature l'instinct de l'impossible, s'amuse de nos vains efforts pour l'atteindre, de nos élans mille fois redoublés vers un but hors de notre portée, de nos courses à perte d'haleine dans un cercle où nous revenons éternellement au même point, et doit se rire surtout de notre sérieux dans cette ridicule parade. Et certes, si cela était, le sage n'aurait rien de mieux à faire que d'y refuser son rôle, que de rejeter loin de lui le misérable don de l'existence, que de saluer comme l'aurore d'une vie plus d'accord avec sa raison l'instant de sa mort terrestre. Mais cela n'est pas. Nous avons sur la terre un but que nous atteindrons. Il le faut, car la raison m'ordonne de vivre. Il le faut, car j'existe.

II.

A la vérité une autre question se présente aussitôt. La réalisation de cette société étant supposée achevée, que restera-t-il à faire sur la terre à l'humanité? Cette borne touchée, l'humanité se trouvera-t-elle frappée d'immobilité? La génération la première arrivée à ce lieu de repos n'aura-t-elle plus autre chose à faire qu'à s'y maintenir, pour en léguer l'héritage à la génération qui la suivra? Celle-ci imiterait-elle cet exemple? Et dans cette carrière de progrès que nous avons supposée sans limites, l'humanité finirait-elle donc par se trouver arrêtée? Car enfin ce but définitif, quelque éloigné que nous voulions admettre qu'il soit de nous, n'est pourtant séparé de nous que par un intervalle fini, mesurable, franchissable. Or, si nous pouvons concevoir que les générations écoulées jusqu'à ce que l'humanité ait touché ce but soient comme autant de pas dans sa marche vers lui, pour l'atteindre enfin par un dernier pas, par une dernière génération : cela fait, vers quel autre but se remettrait-elle en marche? Pourquoi de nouvelles générations succéderaient-elles à la génération où cela aurait été fait? Si toutes celles qui ont précédé cette dernière n'ont été mises sur la terre qu'afin d'arriver à ce but, ou du moins de s'en rapprocher; ce but touché, que viendraient-elles faire au monde? Pourquoi seraient-elles tirées des profondeurs du néant? Remarquons en effet que notre mission terrestre ne nous a pas été confiée comme un moyen d'accomplir notre pélerinage terrestre; qu'au contraire c'est notre vie qui nous a été donnée comme un moyen d'accomplir cette mission. Remarquons en outre que toute existence est insuffisante, incomplète, dès qu'elle n'a pas en soi son but et sa raison.

Si je m'en rapporte à la voix de la conscience, à laquelle je me suis promis d'obéir aveuglément en tout, avec laquelle je ne veux entrer en contestation sur rien, je dois croire que c'est au moyen des actions qu'elle m'ordonne, et seulement au moyen de ces actions que je puis accomplir la destination de l'humanité. C'est donc à exécuter ce qu'en toutes circonstances elle me révèle comme devant être le bien, le mieux, que je dois tendre dans tout ce que je fais; je ne puis vouloir autre chose. Toutefois que je suis loin de pouvoir me flatter d'atteindre ce but! Quel abîme ne se trouve-t-il pas entre vouloir et faire le bien! Le plus grand nombre de mes meilleures, de mes plus nobles déterminations sont perdues pour le monde; elles se dissipent comme une vaine fumée. Souvent celles que je réalise ont un résultat tout différent de celui que j'en attendais. En même temps des passions méprisables, des vices odieux produisent parfois pour la communauté de meilleurs résultats que n'auraient pu le faire les efforts réunis de tous les bons, de tous les gens qui pour l'avantage le plus considérable ne se permettaient pas seulement une mauvaise pensée. Ne semblerait-t-il pas, à ce point de vue, que le bien qui se fait sur cette terre n'est autre chose que la manifestation extérieure d'une force invisible, inconnue, obéissant à ses propres lois; manifestation sur laquelle les vices et les vertus des hommes ne sauraient avoir plus d'influence que les mouvemens qu'ils se donnent à la surface de la terre n'en peuvent avoir sur le mouvement que la terre accomplit autour du soleil? Ne semblerait-il pas que cette force extérieure, engloutissant dans le tourbillon de son activité l'activité que les hommes déploient en bien et en mal, la fait indistinctement concourir à son propre but, quel que soit d'ailleurs celui qu'eux-mêmes s'étaient proposé quand ils ont agi?

Mais si cela est, si en même temps il n'y a rien pour nous au-delà de la terre, si la terre suffit à notre destination, comme le but que nous devons atteindre se trouve être alors bien moins le nôtre que celui de la force générale qui nous régit à notre insu, comme nous sommes même dans une ignorance continuelle sur ce que nous devons exécuter pour arriver à ce but, ce que nous avons de mieux à faire c'est de remettre pour ainsi dire nos actions et nous-mêmes aux mains de cette force mystérieuse, de même qu'une matière inerte qu'il lui appartient d'employer, de façonner à sa guise, sans que nous ayons à nous en mêler. Le sublime de la sagesse doit consister pour nous à ne pas nous mettre en peine de choses qui au fond nous sont étrangères; à vivre sans nous donner de soins superflus, comme chaque instant nous y convie. Mais alors aussi la loi morale nous devient inutile;

ce n'est même qu'un contre-sens qui se trouve en nous; c'est une dissonance dans l'harmonie de notre nature qu'il s'agit d'étouffer au plus tôt. Nous ne pouvons refuser de lui obéir d'une manière trop absolue; nous ne pouvons trop nous hâter de chasser loin de nous le fantôme imposteur de la conscience.

———

Mais cela je ne le veux pas, je ne le voudrai jamais. Loin de là. Aussi vrai que j'existe, je veux obéir à ma conscience dans tout ce qu'elle me prescrira. Que cette détermination soit désormais inébranlable dans mon esprit; que d'elle dépende toute autre détermination, et qu'elle-même ne dépende d'aucune autre; qu'elle soit le principe, le mobile de toutes mes actions! Je sais, il est vrai, en ma qualité d'être doué de raison, que je ne puis agir qu'à la condition de me proposer un but, d'attendre un résultat; je sais aussi, car cela m'a été démontré, que cette obéissance à ma conscience demeure stérile sur la terre. Mais qu'à cela ne tienne. Plutôt que de renoncer à la pratiquer, j'aime mieux supposer qu'au-delà de cette terre se trouve un lieu où cette obéissance portera nécessairement ses fruits.

———

. . . .
. . . .

Le brouillard se dissipe : un monde (car il faut bien que j'essaie de donner un nom à ce qui n'en a pourtant dans aucune langue humaine), un monde nouveau, disais-je, se manifeste à moi en même temps que je me découvre un nouvel organe pour le saisir. Ce monde se révèle par toutes les inspirations de ma conscience. A cette voix divine il sort perpétuellement du néant. Ce monde c'est le but qui se trouve au bout de chacun des commandemens que me fait la raison.

Et comment ai-je donc pu admettre que le monde matériel fût le domaine de la loi morale, qu'il renfermât le but que cette loi m'ordonnait d'atteindre? Que pouvait avoir à faire la loi morale ou l'obéissance que je lui ai vouée au milieu d'un immense enchaînement de causes et d'effets purement matériels, où tout ce qui est dépend de ce qui a été, mais en dépend en tant que cela a été réellement; où le sentiment, l'intention, le fait moral ne sont comptés pour rien?

Si la destination de l'humanité était seulement de se créer sur la terre une condition meilleure, il suffirait sans doute que les actions humaines fussent dirigées par un simple mécanisme. La liberté serait non-seulement inutile, mais funeste à l'homme; l'intention serait de trop. Le monde tel que nous le voyons, loin d'aller directement à son but, ne l'atteindrait qu'avec mille détours. Pourquoi, dans ce cas, le souverain créateur des mondes nous aurait-il doués d'une liberté souvent en contradiction avec ses éternels desseins? Pourquoi ne nous aurait-il pas prédéterminés à agir, comme il faut que nous agissions afin que ses desseins s'accomplissent? Il pouvait certes aller à son but par mille chemins plus courts; il n'est pas de misérable habitant de notre chétive planète qui ne pût le lui démontrer. Mais je suis libre, et par conséquent il est impossible que ma destinée s'écoule tout entière dans le cercle d'une existence où tout s'enchaîne de telle sorte, causes et effets, que ma liberté me demeure inutile. Mais je suis libre, car ce n'est pas l'acte réel, mécaniquement exécuté, ne dépendant, sous ce rapport, qu'à demi de moi; ce n'est pas lui qui fait le prix et la valeur d'une action, c'est l'acte moral, c'est-à-dire la libre détermination de ma volonté, qui toujours dépend de moi. La voix de la conscience ne cesse de me le répéter. Or, par-là, ne m'enseigne-t-elle pas aussi que la loi morale, dédaignant de commander à un mécanisme aveugle et matériel, ne prétend régner que sur des volontés intelligentes et libres?

Et ainsi le monde intelligible s'éclaire à mes yeux d'une lumière de plus en plus vive. J'entrevois le système de ses lois merveilleuses. Je conçois que la volonté doive être pour ce monde chose tout-à-fait semblable dans ses effets à ce qu'est le mouvement dans le monde matériel. Je conçois qu'il doit suffire qu'une volonté quelconque existe en tant que volonté, lors même qu'encore enfouie dans le mystère de mon intelligence elle ne s'est manifestée d'aucune façon extérieure, pour qu'elle devienne dans ce monde la cause et le centre commun d'une multitude de modifications intellectuelles, qui, partant de ce point, se répandent en ondulations variées jusqu'aux dernières limites des espaces intelligibles : absolument de la même façon que, dans notre monde visible, au moindre mouvement de la plus petite portion de matière, se rattachent diverses séries d'autres mouvemens, qui vont rayonner aussi dans toute l'immensité de l'univers matériel. Je suis ainsi, moi, au centre commun de deux mondes, dont l'un est matériel et visible, l'autre purement intelligible. Bien plus! au moyen de ma volonté, point de contact par lequel se touchent ces deux mondes; je puis agir simultanément dans l'un et dans l'autre, quelque différens, quelque opposés qu'ils soient en essence. Quand je veux en effet, c'est-à-dire quand ma volonté subit une modification, il arrive ce qui suit : quelque chose, une chose quelconque se passe dans le monde intelligible, car les modifications de ma volonté, par la raison que ma volonté est partie intégrante du monde intelligible, ne peuvent demeurer resserrées dans les limites mêmes de ma volonté : puis, comme ma volonté se manifeste en outre, qu'elle éclate pour ainsi dire sous la forme d'un acte dans le monde matériel, il arrive que cet acte produit dans le monde matériel tous les résultats matériels qu'il lui est donné de produire.

Il n'est donc nullement besoin que je sois affranchi des liens du monde matériel pour devenir citoyen de ce monde intelligible. Ce monde je puis l'habiter dès aujourd'hui; c'est même parce que je vis déjà de la vie éternelle que je trouve le courage de supporter ma misérable existence de la terre. Car pour naître à cette vie il n'est pas nécessaire que je traverse la tombe. Ce n'est pas au-delà que se trouve ce que certaines gens appellent le ciel. Le ciel est sur cette terre : il éclaire de sa divine lumière le cœur de tout homme de bien. Pas un instant ne se passe où, de la misérable poussière dans laquelle je rampe, je ne puisse m'élever jusqu'à lui; où je ne puisse en prendre possession, au nom de l'intelligence et de la liberté. Il me suffit pour cela de prêter l'oreille à la voix de la conscience, m'enseignant toujours, dans toute circonstance, ce qu'il est à propos que je veuille, ce que je dois vouloir; en même temps ce que toujours je puis vouloir; car ma volonté est très certainement mon bien, m'appartient bien en propre; je puis la modifier comme il me convient. Or, d'après ce que je viens de dire, modifier ma volonté, c'est modifier la volonté d'un habitant du monde invisible, c'est agir, c'est travailler dans ce monde; c'est m'avancer dans ce monde vers le but que je me suis proposé, sans retard, sans hésitation, sans obstacle quelconque à redouter. Car, dans ce monde, il n'en est pas comme dans le monde matériel, où c'est une immuable loi que l'acte et la volonté soient choses essentiellement distinctes; où, après avoir voulu, il me faut passer à l'acte qui réalisera ce que j'aurai voulu; mais où je n'ai de vraie puissance que sur ma volonté; où c'est seulement dans la volonté que suis bien réellement moi, moi sans aucun mélange. Dans ce monde intelligible, au contraire, il me suffit de vouloir; je n'ai point à m'occuper de l'acte. De la volonté l'acte s'ensuit naturellement, sans que j'aie à m'en mêler. En vertu des lois de ce monde il vient de lui-même se rattacher immédiatement à la volonté. Ne connaissant point le système général des lois du monde, il ne m'est pas possible de me rendre compte de la manière dont il se fait que la mission terrestre de l'humanité se trouve être accomplie par l'emploi qu'elle est appelée à faire de sa volonté dans le monde réel. Par là aussi je ne puis voir, dans chacune des déterminations de ma volonté, dans chacun des actes que j'exécute sous l'inspiration de la conscience, rien autre, rien de plus qu'une chose propre à telle ou telle circonstance, convenable dans tel ou tel moment donné; qu'une chose, en un mot, d'une utilité relative et bornée. Mais ce point de vue, tout retréci qu'il est, suffit du moins à me rendre complètement indifférent aux résultats de ce que j'aurai fait quand j'aurai agi comme j'aurais dû agir. Il ôte au repentir toute prise sur moi. Dès que j'ai la certitude d'avoir obéi à la voix de la conscience, n'ai-je pas aussi celle que je ne puis m'être égaré? Dès lors donc, même après un mauvais succès, je ne me laisserai point aller au découragement, je ne me laisserai point rebuter par les obstacles, je ne me refuserai point à écouter la voix de la conscience; tout au contraire, lui prêtant une oreille plus attentive encore que par le passé, embrassant avec une ardeur redoublée le nouveau parti qu'elle m'aura suggéré, je me remettrai immédiatement à l'œuvre; et s'il arrivait que cette fois encore je dusse être trahi par le sort, que cette fois encore je ne dusse recueillir ici-bas de ma persévérance que des fruits amers pour moi, je n'en resterais pas découragé pour toujours au fond du cœur; je n'en conserverais pas moins inébranlablement en moi la croyance que, loin d'avoir été perdus pour moi, ces efforts auront produit dans le monde invisible un résultat nécessaire, touché un but qu'il était essentiel que je touchasse. Sans jamais me lasser je continuerai donc d'agir dans le même sens : je continuerais de le faire, quand bien même il me serait clairement démontré que, dans le cours entier de ma vie terrestre, il ne m'est pas donné de faire le bien gros de l'épaisseur d'un cheveu, si l'on veut bien me passer cette expression. A chaque instant qui s'écoulerait je me flatterais de devenir plus heureux à l'instant qui suivrait. Dans tous les cas je puiserais au moins du courage dans la pensée que rien de ce que je fais n'est perdu pour le monde invisible, que là je ne fais pas un pas qui ne m'approche du but. Autrement, si je veux atteindre le but qui m'a été marqué sur la terre, ce n'est pas à cause de ce but en lui-même ; mais je le veux, parce que c'est là tout ce que me prescrit dans le monde actuel la loi morale à laquelle je ne dois pas cesser d'obéir, pour arriver dans un autre monde à certains résultats auxquels je dois toujours viser. Si j'abjurais mon obéissance à la loi morale, je renoncerais en même temps, sans le moindre regret, au but terrestre qu'elle me désigne. Je le ferais encore si c'en était un autre qu'elle me montrât. Je cesserai de même sans aucun doute de le vouloir dans une autre vie, s'il arrive que la loi morale m'en indique alors un autre dont je ne saurais à présent me faire la moindre notion. Mais dans mon existence actuelle, dans mon pélerinage terrestre, c'est à l'aller toucher que doivent être employées toutes mes forces, consacrés tous mes efforts. Toutefois, que j'aie ou que je n'aie pas réussi, c'est ce qui pour ainsi dire ne me regarde pas, ce qui n'est nullement mon affaire. Je n'ai moi autre chose à faire qu'à vouloir. Ma volonté est la seule chose dont je sois responsable. Par la loi constitutive de ma nature, j'agis donc, je vis donc déjà dans un autre monde. Ce qu'il y a de meilleur et de plus noble en moi est précisément ce qui se trouve en rapport avec cet autre monde. D'ici-bas je ne cesse de le contempler. Si je marche sur cette terre, ce n'est même que par cette raison : c'est que je ne puis marcher dans le monde invisible qu'à la condition d'avoir voulu marcher dans le monde matériel.

Je ne saurais embrasser trop fortement ma destination par ce nouveau côté que je viens d'apercevoir; je ne saurais m'y tenir trop étroitement. Je me répète donc.

Aucun raisonnement ne peut me faire admettre que toute ma destinée, que toute la destinée de l'humanité se trouve renfermée dans le cercle de mon existence terrestre. En moi se trouvent certains instincts qui n'ont aucun rapport avec les choses de la terre, même les plus nobles ou les meilleures que la terre puisse contenir. Comme malgré moi je lève les yeux au-dessus de la terre, la vie terrestre ne peut être uniquement pour l'homme un moyen, ou bien une occasion qu'une main inconnue aurait mise à sa portée, afin qu'il s'en servît pour le développement de son intelligence. A peine l'homme a-t-il besoin d'intelligence pour apercevoir le but où il doit tendre ici-bas, pour avoir la conviction que c'est a marcher sans cesse vers ce but qu'il doit employer toute l'énergie dont il a été doué. Il nous faut donc faire nécessairement un choix entre les deux hypothèses suivantes : notre vie terrestre n'est qu'un espace vide, une solution dans la continuité de nos destinées ; ou bien elle tient à une autre vie, à laquelle elle aboutit, dont elle est une sorte d'apprentissage. Or, comme d'un autre côté nous n'apercevons qu'une seule chose parmi toutes celles qui nous constituent hommes, à laquelle nous puissions rattacher dans notre pensée certaines autres choses au-delà de cette terre; que cette chose est notre volonté bien dirigée que nous voyons pourtant demeurer souvent stérile dans ce monde; il faut bien admettre aussi que c'est au moyen de notre volonté qu'il doit nous être permis de travailler dès à présent pour la vie éternelle. Nos bonnes intentions, nos déterminations vertueuses produisent donc nécessairement dans l'autre monde des résultats réels, bien qu'invisibles pour nous, qui sont comme autant de pierres d'attente que dès à présent nous posons dans ce monde. Ce seront un jour les fondemens de notre vie éternelle.

Ces résultats, comme je viens de le dire, sont invisibles pour nous, et probablement le seront toujours. Ils le seront du moins aussi long-temps que ma vue se trouvera renfermée dans les limites du monde matériel. Je ne peux m'expliquer non plus comment mes bonnes intentions suffisent à les produire; peut-être même que, connaissant d'avance l'inutilité de toutes recherches sur ce sujet, il serait sage à moi de m'en abstenir, au moins dans ma vie actuelle; mais en revanche, comme dans une autre vie il me faudra agir, travailler, pour ainsi dire, sur ces résultats que produisent dès celle-ci mes bonnes intentions, il faudra bien qu'alors ils se montrent à moi, deviennent visibles pour moi. Dans cette vie nouvelle l'activité que je serai appelé à deployer aura sans doute un but, comme cela aura été dans celle-ci. Et là aussi nous devrons marcher sans relâche au but assigné. Les bonnes intentions que nous aurons eues, les déterminations vertueuses que nous aurons prises dans notre vie terrestre, nous aideront dans cette tâche, comme nous aident ici-bas les efforts des générations qui nous ont précédés sur la terre, la culture qu'elles nous ont léguée. Dès à présent commence donc pour nous la vie éternelle. La vie éternelle, c'est la vie du temps continuée au-delà du temps. La terre est le point de départ d'où nous devons nous élancer vers un monde inconnu, où nous ne pouvons toutefois débarquer avant de nous être assurés d'une plage où prendre pied.

Ce n'est donc pas une déception que notre

vie terrestre. Elle nous a été donnée pour nous mettre à même de jeter les fondemens de notre vie à venir; ce qu'il nous est toujours possible de faire.

Dans cette vie de l'avenir, il est possible que le but qui nous sera assigné nous paraisse encore hors de notre portée, en disproportion avec nos forces, semblable sous ce rapport à notre but terrestre. Peut-être que là aussi nos bonnes intentions nous sembleront parfois perdues pour nous; mais si cela est, ayons-en dès à présent la certitude, si cela est, la raison ne manquera pas de nous révéler tout aussitôt une troisième vie, où ces bonnes intentions devront porter leurs fruits; et cette troisième période de notre destinée, en laquelle nous aurons une foi d'autant plus inébranlable, qui sera pour nous, pendant notre seconde vie, une croyance d'autant plus consolante que l'expérience nous aura déjà appris que nous n'avons pas de mécompte à en redouter, que nous aurons déjà éprouvé par nous-mêmes que les enseignemens de la raison ne sauraient être trompeurs. Déjà, en effet, nous aurons recueilli une fois les avantages d'une vie passée dans de nobles pensées, sous l'inspiration d'un cœur vertueux.

Dans mon existence actuelle, lorsque j'ai reçu pour la première fois de ma conscience l'injonction d'agir de telle ou telle façon, j'en ai conclu que c'était pour atteindre tel ou tel résultat que je me suis immédiatement représenté. C'est ainsi que l'univers entier m'est successivement apparu. Or, dans la vie qui succédera pour moi à la vie actuelle, je recevrai sans doute de ma conscience quelque autre injonction, par suite de laquelle m'apparaîtra de même le monde où j'aurai à vivre au-delà de cette autre vie; monde dont on a vu que je jetais dès à présent les fondemens. C'est seulement de la sorte en effet qu'un monde quelconque peut exister pour une créature douée de raison. Le monde de l'homme c'est l'expression extérieure de la loi du devoir gravée dans le cœur de l'homme. A cette loi substituez-en une autre, et du même coup vous aurez fait sortir du néant un monde nouveau.

J'appartiens ainsi, et c'est là ce qui fait vraiment la dignité de ma nature, j'appartiens ainsi à deux ordres de choses, l'un intellectuel et moral, l'autre sensible et matériel. Par ma volonté je règne en souverain dans le premier. Je me manifeste dans le second par mes actes. La fin dernière de ma raison est d'être une activité pure, d'agir par elle-même, dans l'indépendance absolue de ce qui n'est pas elle, sans qu'il lui soit besoin pour se manifester d'instrumens étrangers. En même temps ma volonté est ma raison en action; elle est pour moi ma raison au moins dans ce qu'il m'est possible d'en saisir dégagé d'alliage étranger. Lorsque je dis que la raison a pour fin suprême d'être une activité pure, c'est par conséquent comme si je disais que la fin suprême de ma volonté est qu'elle puisse se manifester sans le secours d'instrumens étrangers, qu'elle puisse agir dans l'indépendance absolue de ce qui n'est pas elle. La volonté, c'est donc la raison se manifestant. La volonté dans sa pureté, dégagée de tout alliage étranger, n'est donc rien autre chose que la raison même. Dire que la raison doit être une activité pure, c'est par conséquent dire aussi que la volonté en tant que volonté doit pouvoir agir, se manifester au dehors sans rencontrer d'obstacles. Mais si d'un côté la raison infinie appartient nécessairement à l'ordre des choses infinies, ne vit point ailleurs; de l'autre côté l'être fini, doué de raison, ne constitue point à lui seul le monde même de la raison : il n'en est qu'une partie; ce qui fait qu'il habite un ordre de choses finies; ce qui fait aussi qu'il est obligé de se proposer un autre but que ne le ferait la raison infinie. Or il a besoin, pour atteindre ce but, de forces, d'instrumens qu'il dépend bien à la vérité de sa seule volonté de mettre en jeu, mais dont les effets tombent nécessairement sous l'empire des lois de la nature. Encore une fois cependant, la raison par cela même qu'elle est raison, la volonté par cela même qu'elle est volonté, doivent pouvoir agir avec indépendance des lois de la nature. Donc aussi l'existence finie ou matérielle d'un être quelconque, doué de raison, nous enseigne aussitôt une autre existence plus noble, d'ordre plus élevé que celle-là, existence dont sa propre volonté le met immédiatement en possession.

Deux ordres de choses, l'un intelligible et l'autre sensible, se trouvent de la sorte pour ainsi dire en germe dans la première manifestation de ma volonté. De ce point tous deux se développent ensuite parallèlement l'un à l'autre. L'ordre sensible, comme tel, n'est pour moi, de même que pour les autres êtres organisés comme moi, qu'une simple apparition vide en elle-même de signification et de réalité, ne trouvant l'une et l'autre que dans l'ordre intellectuel. Et quant à moi, à peine ai-je pris la résolution d'obéir à ma raison que je suis dès lors impérissable, immortel. Je le suis, dis-je, je ne le deviens pas; car le monde intellectuel ne se cache pas de moi dans un lointain et mystérieux avenir. A peine suis-je entré sur cette terre, qu'au même instant ce monde m'a entouré, m'a pressé de toutes parts. Pour aller jusqu'à lui, il n'est nullement besoin que je subisse de nouveaux modes d'existence. Après en avoir traversé des myriades, je n'en serais pas d'un pas plus près que je puis l'être en ce moment; car dès aujourd'hui il ne dépend que de moi de m'en emparer pour y vivre de la vie éternelle. A chaque minute de mon existence, foulant aux pieds ma vie passagère ou tout autre mode d'existence passagère, je peux m'élancer dans l'éternité. Je peux m'aller asseoir à la source même, au foyer même de toute existence, de toute réalité.

Pour tout cela ma volonté suffit : à vrai dire,

ma volonté est elle-même ce monde. Toutefois ma volonté n'a une telle puissance qu'à cette seule condition; c'est que, la considérant elle-même comme le domaine, le siége, le trône de tout bien moral, je fasse en sorte qu'elle le soit réellement. Il m'appartient de vouloir sous l'unique inspiration de la loi morale et en demeurant dans l'indifférence la plus complète sur les suites qu'aura ma volonté. Je n'ai même point à m'occuper si de de ma volonté quelque chose se fera. L'indépendance la plus absolue de tout ce qui n'est pas elle est ou du moins doit être son caractère essentiel. Il faut que ma volonté soit comme un monde; mais pour cela deux conditions sont nécessaires : la première, c'est que ma volonté ne tienne en rien, ne dépende en quoi que ce soit de ce qui l'a précédée; la seconde, qu'elle ne tienne pas davantage, qu'elle ne dépende de même en quoi que ce soit de ce qui la suit. Or, cette seconde condition n'est possible que dans la supposition où les résultats qu'elle doit avoir, les effets qu'elle aura produits se manifestent dans une autre sphère que la sphère où elle-même agit; obéissant à d'autres lois que celles qui la régissent elle-même. Si nous admettions en effet qu'à l'aide d'un seul, ou de deux, ou de trois, ou d'un nombre quelconque de termes intermédiaires, la volonté pût descendre de la sphère intellectuelle où elle se forme jusque dans le monde matériel où elle se manifeste visiblement, il est évident qu'elle aurait épuisé sa force ou du moins une partie de sa force en chemin. La pensée que la volonté aurait eue à manifester ne le serait que d'une manière incomplète. La volonté ne serait donc plus complètement libre. Elle n'aurait donc plus cette indépendance absolue de tout ce qui n'est pas elle, où nous avons reconnu son caractère distinctif. Elle serait emprisonnée dans les conditions du monde où elle aurait agi. La moindre observation de ce qui se passe dans le monde matériel suffit d'ailleurs pour confirmer complètement ce que nous venons de dire. Dans le monde ne me trouvé-je pas contraint de croire que ma langue, ma main ou mon pied sont mis en mouvement par ma volonté? Ne suis-je même pas contraint d'agir comme si je le croyais? Et cependant je ne puis, à coup sûr, me rendre compte de la manière dont il se fait qu'un je ne sais quoi, moindre qu'un souffle, qu'une modification opérée par l'intelligence sur elle-même, qu'une volonté, en un mot, meuve en tous sens une matière pesante. C'est tout au plus s'il ne semble pas absurde au premier abord de seulement le supposer, s'il ne paraît pas bien plus simple de croire que tous les mouvemens de matière et ceux même de mon organisation matérielle sont déterminés par des forces qui elles-mêmes sont purement matérielles.

La connaissance et le sentiment que j'ai de ma volonté sont identiques. Il m'importe peu de savoir si elle est ou n'est pas une cause d'activité réelle dans le monde matériel. Je sais seulement qu'en admettant qu'elle n'existe pas, le monde matériel, au moyen d'un système de forces semblables à la force d'organisation de la nature, pourrait bien exister encore tel qu'il est en ce moment. Je n'ai donc point à m'occuper de ma volonté sous ce rapport. Ma volonté dédaigne au contraire tout ce qui est matéril. C'est en soi seulement qu'elle cherche et qu'elle trouve sa fin dernière. Aussi, loin de s'emprisonner dans les limites du monde matériel, elle s'élance au sein d'un monde d'essence analogue à la sienne, où elle peut se mouvoir en tous sens sans obstacles, se manifester de toutes façons sans le secours d'instrumens étrangers. Cette indépendance absolue que je lui attribue spontanément a été la première et la plus forte conviction que j'aie trouvée en moi. Ça été pour ainsi dire mon premier pas dans ce monde. Puis, concevant bientôt que de cette notion dérivaient toutes les autres notions qui naissaient en moi, que toutes empruntaient de cette première notion leurs formes et leur certitude, j'ai pris de ce nouveau point de vue mon vol ver l'éternité, vers le monde intellectuel. Cette manière de voir est par conséquent tout-à-fait opposée à celle de beaucoup de gens qui prétendent que dans la pratique de la vertu il est nécessaire que l'homme se propose un but; que la certitude d'atteindre ce but existe pour la vertu avant qu'elle se soit manifestée par un acte quelconque, en quelque sorte avant qu'elle soit vertu; car s'il était ainsi ce ne serait pas en soi-même que la raison trouverait la cause de son activité : cette cause se trouverait au contraire dans le monde extérieur; mais alors aussi ce monde extérieur pourrait bien contenir en soi la fin dernière de notre existence. Notre existence terrestre suffirait à notre destination : la pensée n'aurait rien à chercher au-delà de notre vie actuelle.

Tout homme ayant trouvé par hasard l'un des raisonnemens que je viens de faire en aurait pu parcourir la chaîne entière de la même manière que je l'ai fait moi-même. Il aurait pu dire tout ce que j'ai dit; il aurait pu même l'enseigner à d'autres. Toutefois c'eût été la pensée d'un autre qu'il eût racontée en le faisant, non la sienne propre.

Cette pensée, dénué qu'il se serait trouvé d'organe propre à en saisir la réalité, n'aurait été pour lui qu'une sorte de vision. Il aurait été en cela dans le même cas qu'un aveugle qui sur ce qu'il entendrait dire des couleurs en établirait une théorie très bien raisonnée, peut-être même très vraie, pour qui cependant les couleurs n'existeraient pas. Cet homme pourrait bien dire: cela doit être de telle ou telle façon, mais il ne saurait jamais dire: cela est, car il lui manque la condition qui fait que cela est. C'est en nous-mêmes, en effet, c'est de plus uniquement pour chacun de nous que peut exister l'organe au moyen duquel nous entrons en rapport avec le monde intelligible, avec la vie éternelle. Cet organe se développe en nous quand en nous s'anéantit la vie matérielle, ainsi que tout ce qui a rapport à elle, quand nous ne vivons plus par nos actes, mais seulement par notre volonté, quand nous avons la certitude qu'en agissant de la sorte, mais dans ce cas seulement, notre conduite sera conforme aux inspirations de notre raison. Alors, a mesure que se rompent et se relâchent les liens qui nous attachent aux choses de la terre, s'introduit dans notre sein la foi en l'immuable, en l'éternel. Elle nous soutient au milieu des ruines du monde croulant autour de nous ; elle devient notre seule force, toute notre vie. C'est aussi là sans doute ce qu'entend l'Écriture quand elle nous dit qu'avant d'entrer dans le royaume du ciel il faut mourir au monde pour être enfanté de nouveau.

A présent donc il m'est facile de comprendre comment j'ai vécu jusqu'à présent dans l'ignorance des choses divines. Les choses de la terre étaient les seules qui me préoccupassent. Les soins qu'elles réclamaient de moi formaient mon unique étude. Insensible et sourd aux apparitions de la raison, je n'étais mu que par le désir physique, les jouissances matérielles. Chargée de tant de liens, garottée de tant de chaînes, Psyché l'immortelle ne pouvait donc déployer ses ailes; car notre philosophie c'est l'histoire de notre propre cœur, car notre philosophie c'est ce qui se passe au-dedans de nous, que nous allons écrire au-dehors. Or, si nous vivons uniquement par nos instincts grossiers, si les objets matériels sont les seuls à fixer nos désirs, il arrive d'abord que nous ne tardons pas à nous trouver dépouillés de la vraie liberté dont le caractère distinctif est de ne trouver qu'en elle seule la cause déterminante de son activité. Celle qui nous reste ne diffère plus essentiellement de la liberté que pourrait avoir la plante; plus ingénieuse seulement, plus féconde dans ses résultats, et produisant au lieu de racines, de feuilles et de fruits, des désirs, des pensées, des actes. Mais il arrive aussi que nous ne pouvons avoir perdu la vraie liberté sans perdre presque au même instant la faculté même de la concevoir, sans en perdre jusqu'à l'idée. Les mots qui l'expriment, elle ou ses attributs, deviennent pour nous une langue inconnue. Les choses du monde intelligible ne sont plus que de vaines et fugitives ombres que nous pouvons à peine entrevoir pendant qu'elles glissent devant nous. Nous devenons tout naturellement indifférens à leur apparition. Si toutefois, aiguillonnés par un désir curieux, nous faisons quelque tentative pour nous en saisir en quelque sorte, afin de les voir de plus près, nous ne trouvons en elles qu'une sorte de fantasmagorie vide de réalité dont nous nous étonnons qu'un homme sensé puisse être la dupe; et en cela, au point de vue où nous sommes, c'est-à-dire à celui de notre expérience personnelle, nous avons complètement raison. En se plaçant à ce point de vue, nul ne saurait nous réfuter. Mais là, que d'amertume, hélas! que d'angoisses nous attendent! Les plus nobles enseignemens sur le devoir, la liberté, la vie éternelle, ne sont plus pour nous qu'autant de fables grossières ou ridicules, que nous mettrions volontiers sur une même ligne avec le Tartare et l'Elysée. Nous n'osons le dire cependant, car ces fables, tout absurdes qu'elles nous parraissent en elles-mêmes, nous semblent pourtant avoir cela de bon qu'elles sont utiles au peuple, ce qui nous livre pour notre vie entière aux tourmens de cacher perpétuellement notre pensée, aux poignantes inquiétudes de l'avoir trahie. Ou bien encore, si, par respect pour d'antiques traditions, nous admettons encore ces enseignemens contemporains des premiers temps du monde, nous tombons à leur sujet aussi bas, plus bas que le peuple. Les acceptant dans leur sens apparent, n'osant aller jusqu'à leur sens intime et caché, les considérant comme autant de promesses qui nous seraient faites d'aller traîner dans l'éternité une existence semblable à notre existence terrestre, peut-être même cette existence elle-même, nous en faisons réellement autant de contes à peine bons pour les enfans.

Je conclus. — Il n'appartient qu'à ma volonté bien dirigée de jeter quelque lumière sur ma nature ou ma destination. En l'absence de cette condition, les plus magnifiques facultés de l'esprit seraient insuffisantes à dissiper les ténèbres qui m'environnent. Le chemin de la vraie sagesse c'est le perfectionnement moral; que cette pensée ne cesse jamais d'être présente à mon esprit!

III.

Toute détermination de ma volonté, lorsqu'elle est conforme au devoir, doit inévitablement, nécessairement, par cela seul qu'elle existe, engendrer des effets quelconques. Il peut arriver, il est vrai, qu'à sa suite n'apparaisse aucun acte apparent, aucun fait visible dans le monde matériel; mais, dans ce cas, c'est que les effets produits se manifesteront dans le monde qui demeure invisible à mes faibles yeux. Leur existence n'en sera pas pour cela moins assurée, moins réelle. Voilà ce que j'ai dit souvent. Toutefois examinons de nouveau avec quelque attention ce qu'en le disant j'ai bien réellement voulu dire.

J'ai voulu dire sans aucun doute que s'il en est ainsi, cela est en vertu d'une loi, d'une règle invariable, d'une règle qui ne souffre point d'exception. Lorsque dans le monde matériel je lance une bille avec la main, dans telle direction, avec telle ou telle force, je sais suivant quelle ligne devra se mouvoir cette bille, et avec quelle vitesse; je sais que si cette bille en rencontre une seconde, toutes deux, après s'être partagé la quantité de mouvement que recelait la première, devront continuer à se mouvoir suivant une nouvelle ligne que je puis encore déterminer, avec une autre vitesse que je puis encore calculer; je sais enfin ce qui arriverait si ces deux billes en rencontraient une troisième; et ainsi à l'infini. Il me suffit de connaître la direction dans laquelle je lance la première bille, la force à laquelle je la lance, pour être à même d'apprécier toutes les circonstances qui accompagneront le mouvement de cette bille, soit qu'elle se meuve isolément, soit qu'elle rencontre d'autres billes. Ces circonstances, je puis même savoir ce qu'elles seront avant qu'elles aient existé, tout aussi bien que si je les avais vues de mes yeux, touché pour ainsi dire de mes mains. Or, c'est précisément de la même façon que je conçois que ma volonté produise nécessairement dans le monde invisible certains effets. Je crois de même à ces effets, avant qu'ils aient été, avec une foi aussi entière que si je les avais perçus par moi-même. Entre eux et ceux qui se montrent à moi il n'est qu'une seule différence, c'est que, sachant qu'ils sont, je ne puis cependant savoir comment ils sont, ce qui m'est toujours possible à l'occasion des effets du monde matériel.

Mais agir de la sorte, c'est évidemment supposer qu'il existe dans le monde intelligible une loi en vertu de laquelle ma volonté se trouve être dans ce monde une force motrice, de même que l'est ma main dans le monde matériel. La croyance que j'ai aux effets invisibles que je produis dans ce monde lorsque je veux est une et identique avec la croyance que j'ai de la loi en vertu de laquelle ces effets se trouvent être produits. Ces deux sortes de croyances ne dérivent point l'une de l'autre. Il en est de même dans le monde matériel. Dans ce monde, la croyance que j'ai aux effets que je produirai en exécutant certains mouvemens est aussi une et identique avec la croyance en la loi mécanique en vertu de laquelle ces effets se trouveront produits. La notion, loi, n'est rien autre chose que la foi inébranlable qu'a la raison en un principe moteur, créateur, qu'il lui est impossible de ne pas admettre.

Cette loi du monde intelligible je ne la conçois pas promulguée sous le bon plaisir de ma volonté, sous le bon plaisir de celle de quelque autre être fini, ou bien enfin sous le bon plaisir des volontés réunies de tous les êtres finis. Il me semble au contraire que ma volonté, de même que celle de tout être fini, se trouve nécessairement soumise à son autorité. Cependant, comme aucun être fini, que ce soit moi ou tout autre, comme aucun être sensible ne peut concevoir, comment il se fait qu'une simple et pure détermination de ma volonté puisse engendrer des effets; comme cette même impossibilité où ils sont de le concevoir est précisément ce qui les constitue êtres finis; comme enfin la volonté, simple, pure, à l'état de volonté, est la seule chose qui soit au pouvoir d'un être sensible; qu'en sa qualité d'être sensible il ne peut concevoir autrement que sous formes sensibles les effets produits par cette volonté; comment, de quelle façon peut-il donc se faire que nous puissions, moi ou tout autre être fini, prendre pour dernière fin de notre vie une chose qu'il ne nous est pas donné d'imaginer ou de concevoir? Dans le monde matériel, le mouvement de ma main, ou les mouvemens de tout autre corps que je touche avec elle, s'accomplissent sous la loi de la pesanteur. Je n'en conclus pas que c'est moi qui crée la loi de la pesanteur. Je sais au contraire que les corps n'existent en tant que corps qu'à la condition de subir cette loi. S'ils se meuvent, s'ils communiquent leurs mouvemens à d'autres corps, c'est parce que, en vertu de cette loi de la pesanteur, ils se trouvent participer à la force motrice générale répandue dans la matière entière. Le monde intelligible, que l'intelligence d'aucun être fini ne saurait embrasser, ne reçoit pas davantage de lois de la volonté d'un être fini. Ce sont au contraire les volontés des êtres finis qui se trouvent soumises aux lois de ce monde. Elles ne peuvent s'y manifester qu'à la seule condition que ces lois auront préexisté aux résultats que leurs manifestations doivent faire naître; qu'autant qu'elles agiront sous l'empire, sous l'inspiration de la loi fondamentale, de la loi obligatoire pour les volontés finies, de la loi du devoir. La loi du devoir, ai-je dit? Et en effet la loi du devoir est le point par où se touchent le monde invisible et le monde visible. C'est le lien de tous deux; c'est le sens, l'organe au moyen duquel l'homme peut agir dans la sphère qui demeure voilée pour ses yeux terrestres. Il existe dans la nature une force d'attraction qui attache, lie entre eux tous les corps de l'univers; il existe de même dans le monde invisible une loi morale qui de son côté attache et lie de même entre elles les intelligences de tous les êtres finis. On peut considérer sous deux points de vue différens la volonté de tout être fini : d'un côté à l'état de simple vouloir, à l'état d'un acte qu'elle accomplit sur elle-même, et alors la volonté se trouve être complète dans cet acte; cet acte la renferme et l'exprime tout entière; ou bien on peut la considérer encore comme s'étant produite au dehors, comme ayant engendré un fait, une chose. Sous ce second point de vue, la volonté n'existe pas seulement pour moi dans l'acte de vouloir, mais elle se montre aussi au dehors de moi. Que je mette en mouvement ma main; ce mouvement engendrera dans le monde matériel une série d'autres mouvemens apparens; mais en même temps il deviendra dans le monde intelligible le principe générateur d'une série d'autres mouvemens invisibles. Dans tout cela l'acte de vouloir est la seule chose qui dépende de moi. Mais si ce que j'ai voulu devient le principe d'une série de mouvemens apparens ou de modifications invisibles, cela ne dépend de moi d'aucune façon; je n'y puis rien : c'est le résultat nécessaire d'une loi dont moi-même j'ai subi l'empire; loi qui dans le monde sensible est une loi de la nature, qui dans le monde intelligible doit être une loi intellectuelle.

Cette loi est profondément gravée dans mon esprit; je ne la déduis d'aucune autre; je n'y ajoute rien. Mais quelle notion m'en fais-je bien précisément? Qu'est-elle par elle-même? Il me semble d'abord de toute évidence qu'elle ne saurait avoir aucune analogie avec toutes celles que j'ai été à même d'observer dans le monde sensible où je vis. Elle n'en aurait pas davantage avec toutes celles que je pourrais supposer existantes dans tout autre monde matériel qui différerait de celui-ci. Dans aucun monde matériel, en effet, il ne suffit pas de la simple volonté pour qu'un résultat quelconque soit produit; il faut qu'avec cette volonté se trouve en contact une chose inerte et passive d'où jaillisse, au choc de cette volonté, une sorte de force intérieure, cachée. Or (notez ce point, car sur lui repose toute ma croyance), or, si je conçois au contraire que ma volonté doive agir dans l'autre monde, je suppose que c'est par elle-même, que c'est au moyen d'elle-même. Je la suppose ayant puissance de se manifester sans l'intermédiaire d'aucun instrument étranger qui ne la transmette qu'à la condition de l'affaiblir. Je la suppose se manifestant dans une sphère d'essence identique avec sa propre essence, agissant dans cette sphère à la façon dont la volonté peut agir sur la volonté, ce qui est intellectuel sur ce qui est intellectuel, n'imposant point à cette sphère les lois de la vie, de l'activité, de la continuité, mais les trouvant tout établies. Je la suppose enfin agissant sur cette sphère comme sur une intelligence existant par soi-même. Mais comme une intelligence semblable n'est rien autre chose que la volonté, il en résulte que l'essence du monde invisible c'est la volonté. Il en résulte encore que la loi qui régit ce monde est aussi la loi qui régit la volonté.

Cette volonté agit par cela seul qu'elle existe sans qu'il lui soit besoin d'instrumens étrangers pour agir, ou de matière extérieure sur laquelle agir. Elle est à la fois cause et effet. En elle se confondent le faire et le vouloir. Elle n'oppose jamais aucun obstacle à la réalisation de ce que réclame la raison, et, loin de là, la laisse, dans toute l'étendue du mot, parfaitement libre, parfaitement indépendante. Elle contient en elle-même sa propre loi. Aucunes sortes de délibérations, de réflexions, d'hésitations n'accompagnent les décisions qu'elle prend : encore moins toutefois les prend-elle au hasard. Le caractère distinctif de ces décisions est au contraire d'être immuables, invariables ; c'est que l'homme puisse croire à leur durée comme il croit à la durée des lois du monde matériel. Dans son sein se passent les suites incalculables qu'ont les volontés des êtres finis, lorsqu'elles sont conformes au devoir, mais qu'elles n'ont que dans ce cas seulement. C'est en effet, à cette seule condition qu'elles ont prise sur la volonté infinie. En dehors de cette condition elles sont pour cette dernière comme n'ayant jamais été.

Cette volonté sublime n'habite point au-delà du lieu où vivent les intelligences finies. Elle est au contraire liée à celles-ci; elle se trouve en contact avec chacune d'elles; elle fait que, lorsque j'ai voulu conformément à la loi du devoir, ce que j'ai voulu me réussit, sinon dans le monde matériel, au moins dans le monde invisible. Ce monde demeure en effet toujours ouvert aux déterminations vertueuses. Il ne s'en forme pas une seule dans les replis les plus cachés de ma nature intime qu'elle ne franchisse aussitôt les limites de ce monde pour aller y produire, nullement au hasard, mais suivant des lois éternelles, une série de modifications de diverses sortes. Et, à ce point de vue, il devient évident comment il se fait que ma volonté ait des effets, nécessairement et par cela seul qu'elle existe. Cette idée, jusqu'à présent plus ou moins obscure, se montre enfin toute radieuse de clarté. Je conçois que ma volonté produise des effets nécessaires, parce qu'elle se trouve intimement mêlée, étroitement liée à une autre volonté de même nature qu'elle; mais où, cependant, le faire et le vouloir se trouvent confondus : volonté qui se trouve être l'ame, le fondement, le pivot du monde intelligible; volonté sur laquelle j'agis d'abord, puis au moyen de laquelle j'agis ensuite sur le monde intelligible lui-même; car ce monde n'est rien autre chose que le produit de cette infinie volonté.

A chaque instant de ma vie il m'arrive donc de sortir des étroites limites de ma personnalité, pour aller agir par ma volonté finie au sein de l'infinie volonté qui à son tour réagit sur moi. Le moyen, l'organe de cette réaction est ma conscience. Il ne se passe pas une minute, en effet, où la voix de ma conscience ne m'enseigne la place que je dois occuper dans l'ordre général du monde intelligible, ou bien la façon dont je dois en quelque sorte m'engréner au mécanisme de la volonté générale. L'ordre général des choses m'échappe dans son ensemble. Je ne suis qu'un anneau dans une chaîne dont les extrémités ne sont point visibles pour mes faibles yeux. Je ne suis au milieu d'un magnifique concert qu'une simple note, à qui est refusé de goûter l'harmonie de l'ensemble; mais il me suffit de savoir ce que je dois être moi-même dans cette harmonie des intelligences. C'est là seulement ce que j'ai à savoir, ce qu'en revanche il est essentiel que je sache; car à moi seul appartient de me faire tel que pour cela il est nécessaire que je sois. Aussi du sein du monde invisible s'élève une voix secrète qui ne cesse de retentir au-dedans de moi pour me le révéler. A chaque instant de ma vie, je me trouve donc pour ainsi dire créé de nouveau pour ce monde. Je ne cesse jamais d'en être une partie intégrante.

Cette volonté générale me lie à elle; elle me lie à tous mes semblables; elle est en un mot le lien commun de tout ce qui existe. En elle se trouve la loi fondamentale du monde invisible, en tant que ce monde est un système de volontés individuelles, qu'il est leur lien général, le théâtre de leur action et réaction réciproques; loi mystérieuse qui déjà se montre à nous bien qu'elle ne soit vue de personne, ou que personne du moins ne témoigne de la voir. Ma conscience individuelle est la force qui, me projetant hors du sein de l'infini, a fait de moi un être fini, un individu. Elle a tracé les limites de ma personnalité; après m'avoir engendré, elle me constitue pour ainsi dire

Mais en même temps ma volonté, au moyen de laquelle j'entre dans le temps, est comme le principe actif qui me fait vivre, l'ame qui m'anime. — Admettons que j'agisse ; admettons aussi que je possède l'intuition sensible au moyen de laquelle, et seulement au moyen de laquelle, je puisse avoir une personnalité intelligente; et dès lors rien de plus facile que de comprendre comment, d'un côté, l'acte intellectuel, au moyen de l'intuition sensible, m'apparaît dans le monde sensible comme un fait, un acte réel; puis comment il arrive, d'un autre côté, qu'en raison même de cette sorte de matérialisation qu'a subie ma volonté, le commandement que m'a fait ma conscience d'un acte purement intellectuel m'apparaisse pourtant comme le commandement d'un acte sensible, d'un acte réel. Dès lors aussi rien de plus facile que de concevoir comment le monde réel se montre à moi comme la condition nécessaire de cet acte. Dans tout cela, je ne sors jamais de moi-même, du domaine de ma personnalité. Tout ce qui existe pour moi n'a été fait que par moi, que par moi seul. C'est seulement de moi que j'ai intuition. Mais ici une remarque se présente. Dans le monde où je vis, je perçois les actes d'une multitude d'autres êtres qui sont indépendans de moi, qui doivent exister par eux-mêmes, dont l'existence en un mot doit être identique à la mienne. Ces êtres savent sans doute ce qu'ils font, précisément de la même façon dont moi-même je sais ce que je fais. Mais la façon dont je sais leur existence, et les manifestations de leur existence, de même que la façon dont ils savent, eux, mon existence à moi et ses modifications, il m'est de toute impossibilité de le concevoir. Je ne sais par où j'entre dans le monde qu'ils habitent. Je ne sais par quelles voies non plus ils arrivent dans le mien. Le principe que toute intelligence, en tant qu'intelligence, doit incontestablement savoir ce qu'elle fait; ce principe au moyen duquel nous nous sommes expliqué comment nous avions la conscience de nous-mêmes et de nos actes dans le monde sensible; ce principe, dis-je, n'est ici d'aucune application. Car la question actuelle, la voici. Comment, par quels moyens, des intelligences libres peuvent-elles savoir d'autres intelligences, libres aussi? Nous savons en effet, actuellement, que des intelligences libres sont les seules réalités existantes. Et pour nous il ne peut plus être question d'un monde sensible au moyen duquel ces intelligences agiraient les unes sur les autres. Me direz-vous : Je sais les autres êtres intelligens semblables à moi au moyen des modifications qu'ils produisent dans le monde matériel et que je perçois? Je vous demanderai tout aussitôt comment, par quels moyens, vous percevez ces modifications elles-mêmes? Or, je conçois fort bien comment vous percevez les modifications produites dans le monde en vertu des lois mécaniques de la nature; car ces lois de la nature ne sont autres que les lois de votre pensée, imposées par vous au monde extérieur. Mais les modifications dont en ce moment il est question ne sont nullement le résultat de lois mécaniques; tout au contraire, elles sont celui d'une volonté libre, indépendante, supérieure à toute loi mécanique. Et comme ce n'est pourtant qu'autant qu'il vous serait donné de percevoir ces modifications que vous pourriez en conclure l'existence d'êtres intelligens autres que vous, quoique semblables à vous, je me trouverais en droit de finir par vous demander quelle est la loi de votre esprit d'après laquelle vous pouvez vous expliquer la succession et le développement des modifications produites extérieurement par une intelligence tout-à-fait indépendante de vous, ce qui implique que vous vous expliquez aussi la succession et le developpement de ses modifications intérieures. Autrement, la connaissance qu'ont les uns des autres, dans le monde sensible, les êtres intelligens, demeure un fait inexplicable pour les lois de la nature et de la pensée. Il en est de même de leur réciprocité d'action. Nous ne pouvons nous rendre compte de l'un et de l'autre de ces deux faits qu'en ayant recours à la supposition d'une intelligence, ou d'une volonté infinie, au sein de laquelle ces êtres intelligens entrent en rapport les uns avec les autres. La connaissance que j'ai de toi ne me vient donc pas immédiatement de toi. Ce n'est pas de moi non plus que t'est venue celle que tu as de moi. Mais ce que nous savons l'un et l'autre nous l'apprenons ensemble, en le puisant à une source située hors de tous deux. Nous nous savons au sein de l'intelligence infinie. En elle aussi nous agissons l'un sur l'autre. « Honore l'image de la liberté « sur la terre. Respecte toute œuvre où son « empreinte s'est déposée! » C'est là ce que ne cesse de me répéter la voix de ma conscience, à chacune des choses qu'elle m'ordonne au nom de la loi du devoir; et c'est ainsi que j'apprends à te connaître, toi ou tes œuvres.

D'où viennent donc notre sentiment, notre intuition sensible? D'où viennent surtout les lois de la pensée, fondemens sur lesquels repose l'édifice tout entier du monde sensible au milieu duquel nous croyons vivre, au milieu duquel nous croyons agir les uns sur les autres? Dirons-nous de l'intuition et de la pensée qu'elles existent en vertu des lois de notre raison? ce serait là une réponse peu satisfaisante. Car, pour nous, emprisonnés que nous sommes pour ainsi dire dans les limites de notre raison, il est évident que nous ne pouvons penser que sous l'autorité de notre raison, d'après les lois qu'elle nous impose. Mais la loi fondamentale de la raison elle-même, sa loi essentielle, c'est qu'elle obéisse à la volonté infinie. C'est ce qui fait aussi que tous nous sommes immédiatement d'accord sur nos sensations, qu'il y a harmonie dans notre manière de voir, de penser, de raisonner, qu'en un mot c'est le même monde que nous habitons.

Or, cette harmonie qui se trouve entre les sensations de plusieurs êtres, la science nous enseigne bien que c'est ce qui les constitue de même espèce, ou bien encore que cette identité de sensations se renfermant dans certaines limites est ce qui constitue une espèce; mais c'est à ce point de vue que s'arrête la science; elle ne va point au-delà : elle ne nous apprend point que c'est à la raison seule qu'il appartient de limiter la raison; qu'ainsi les raisons finies ne sauraient être limitées que par la seule raison infinie. Cela est vrai pourtant. La science ne nous enseigne pas davantage que si les êtres intelligens s'accordent à considérer le monde extérieur comme la sphère où doit s'accomplir le devoir, cet accord résulte de ce qu'en eux tous c'est une même volonté qui réside; volonté une, éternelle, infinie. Mais de toutes ces vérités sur lesquelles se tait la science, il résulte que s'il y a quelque chose de réellement vrai au monde, de vraiment vrai pour ainsi dire, c'est notre conviction que de l'accomplissement du devoir sur cette terre s'engendrera pour nous une vie nouvelle; et cette vérité recèle en elle-même toutes les autres. Car, si elle existe, il en résulte que le monde est vrai lui-même, qu'il est vrai de toute la vérité qui peut être pour des êtres finis; ce qui doit être en effet, puisque ce monde est la création de l'infinie volonté agissant en nous, volonté qui, d'après les lois qui lui sont propres, n'a pu vouloir autre chose que ce qu'elle a exécuté, se manifestant comme elle le faisait par le moyen d'êtres finis. Cette volonté éternelle a ainsi créé le monde de la seule façon dont il était besoin que le monde fût créé, c'est-à-dire qu'elle l'a créé dans la raison finie. Ce serait par conséquent méconnaître ce monde, méconnaître en même temps la volonté qui l'a créé, que de penser que ce monde ait pu avoir été bâti d'une matière inerte; ou bien qu'il soit lui-même matière inerte et sans vie, semblable à une œuvre de main d'homme.

Ce serait encore étrangement méconnaître la vérité que de supposer que ce monde se soit fait de lui-même, ou bien qu'il ait été fait de rien. Rien ne serait si la matière était la seule chose qui pût être. En tout et partout il n'y aurait que le néant. Mais c'est au contraire la raison seule qui est; ce qui rend de toute nécessité que ce soit dans la raison que le monde ait été créé. Aussi, au moyen du sentiment du devoir qu'a placé en nous la volonté suprême, nous créons-nous tous un monde, chacun dans la limite de notre raison; ou pour mieux dire, la volonté suprême crée ce monde par nos mains. Elle donne à ce monde autant de durée qu'il en faut pour satisfaire aux conditions de notre existence actuelle. Puis, lorsque cette existence s'est suffisamment prolongée; lorsqu'elle nous a préparés par une épreuve suffisante aux nouvelles destinées que nous réserve la volonté suprême, le monde s'anéantit; comme on dit d'ordinaire, nous mourons. Mais nous ne mourons que pour entrer dans un monde nouveau qui se sera fait, qui aura été créé, comme déjà nous l'avons dit, des résultats qu'auront eus les bonnes actions que nous aurons faites ou les déterminations vertueuses que nous aurons eues dans le monde que nous aurons quitté. Nous vivons ainsi au sein de la volonté éternelle. Nous sommes sous sa main. Il n'est au pouvoir de qui que ce soit de nous en arracher. Nous sommes immortels, parce qu'elle-même est immortelle.

Volonté éternelle! volonté sublime! tu n'as de nom digne de toi dans aucun langage humain. Aucune intelligence d'homme ne saurait te concevoir dans ton immensité. Mais aucune barrière n'est entre nous, aucun abîme ne nous sépare. Ma voix va se perdre en toi, et la tienne ne cesse de résonner au fond de mon cœur. C'est toi qui m'inspires quand ma pensée est conforme à la justice, à la vérité. C'est toi, toute mystérieuse, tout incompréhensible que tu demeures à ma faible intelligence, c'est toi qui m'expliques pourtant le grand mystère de ce monde, qui me donnes le mot de mon existence énigmatique. A ta voix les ténèbres du doute s'écartent de mon esprit qui s'éclaire des rayons de la vérité divine.

Tu te plais avec l'homme de bien simple d'esprit, mais pur de cœur. Aucune de ses pensées ne demeure cachée pour toi. Tu sais lui tenir compte de toutes celles qui sont conformes à la justice, à la vérité, lors même qu'elles seraient perdues pour le reste de l'univers. Tu aimes à l'élever jusqu'à toi. Tu le portes, tu le berces en quelque sorte dans ton sein. C'est de lui dont il nous est permis d'affirmer qu'il a été engendré par toi; c'est de lui dont nous pouvons croire qu'il se donne à toi corps et ame, car c'est lui qui s'adressant à toi peut vraiment dire : « Fais de moi ce que tu voudras, puisque tu ne fais rien qui ne soit pour le mieux. » Celui-là, parmi tant d'hommes qui foulent la surface de notre globe, celui-là seul est apte à te connaître, à te comprendre. Mais tu ne parles jamais, au contraire, tu dédaignes de te manifester aux esprits superbes, orgueilleux de leur science. Ceux-ci ne te connaissent nullement; ils sont incapables de pénétrer dans l'intimité de ta nature; et si parfois, croyant cependant l'avoir fait, ils veulent enseigner aux autres ce que tu es, ils ne réussissent à tracer de toi que de fantastiques images qui provoquent tout à la fois le rire et l'indignation du sage véritable.

Devant toi je me voile la face de mes deux mains. Loin de moi, bien loin de moi la téméraire pensée qu'il m'ait été donné de te concevoir tel que tu es pour toi-même, tel que toi-même tu te conçois! Il faudrait pour cela que je devinsse moi-même semblable à toi; ce qui sans doute ne serait pas, quand après ma vie terrestre je devrais vivre encore pendant des millions d'années, et quand cette vie nouvelle devrait être celle des intelligences pures. Il est de la nature, il est de l'essence même de mon intelligence qu'elle ne puisse concevoir que ce qui est jeté dans le monde du fini. Or, il n'est aucun progrès, aucun développement au terme duquel je puisse imaginer que le fini se transforme en infini ; car ce n'est pas en quantité, c'est en essence que l'infini diffère du fini. Il est par conséquent de toute impossibilité que nous puissions parvenir à nous faire une idée de ce que tu es en toi-même par l'agrandissement successif de l'idée que nous avons de notre propre nature, de la nature humaine. On ne peut arriver par cette voie qu'à se faire de toi l'idée d'un homme de plus en plus grand, d'un homme plus grand que tous les autres ; mais celle d'un être infini, d'un Dieu, jamais. C'est là cependant tout ce qu'il m'est donné de faire. C'est là le seul procédé au moyen duquel je puisse essayer de parvenir à me faire une notion de ton existence ; mais cette notion ne saurait être complète, puisqu'elle renferme celle de personnalité et par suite celle de limitation qu'il serait absurde à moi de t'appliquer. Je ne ferai donc point de vains efforts pour me saisir d'une prérogative refusée à l'infirmité de ma nature. Je n'essaierai point de te contempler en toi-même. Mais les rapports qu'il t'a plu d'établir entre toi et moi, entre toi et tous les autres êtres finis, sont visibles pour mes yeux : ceux-là je puis les étudier. Il ne dépend que de moi de les contempler. Ils brillent pour moi d'une lumière plus évidente que la conscience même de ma propre existence. Ainsi, bien que j'ignore comment tu le fasses, je sais pourtant que c'est toi qui graves dans mon cœur la notion de mes devoirs, que c'est toi qui m'enseigne la destination à laquelle je suis appelé, la place que j'occupe dans le système des êtres doués de raison. Je sais que tu sais et que tu connais ce que je veux et ce que je pense. Je sais que tu as voulu que mon obéissance à la voix de ma conscience eût des résultats dans l'éternité. J'ignore à la vérité l'acte de conscience au moyen duquel tu sais et tu connais; j'ignore même si la science et la connaissance sont en toi le résultat d'un acte de conscience;

car il me semble que la notion d'un acte, surtout d'un acte déterminé, n'est applicable qu'à moi être fini, nullement à toi, être infini; j'ignore encore ce qu'est ta volonté, en quoi elle consiste, en quoi elle ressemble à la mienne ou bien en diffère; mais cela ne m'importe en rien. Je sais que tu agis, je sais qu'en toi l'acte et la volonté ne sont qu'un. Je sais enfin que tu es et que tu vis, puisque je sais que tu veux, que tu agis, que tu sais. Mais je sais aussi que l'éternité me serait donnée qu'il ne me serait pas possible d'arriver à concevoir l'être que tu es.

―――

Il me suffit d'ailleurs, pour marcher hardiment dans le sentier de ma vie terrestre, d'avoir l'intuition des rapports que tu as établis entre toi et moi. Au moyen de cette intuition les choses qu'il est essentiel que je sache me sont immédiatement révélées; j'en ai l'entière conviction. Or, que me reste-t-il à faire alors? qu'à me livrer sans crainte, sans hésitation, à la tâche que tu m'as imposée, c'est-à-dire qu'à concourir, autant qu'il est en moi, à l'exécution de tes plans éternels, en accomplissant le devoir que tu m'enseignes ; qu'à employer pour ce but la portion de ta propre force que tu as déposée en moi, et, cela fait, qu'à avoir l'esprit en repos sur les choses de ce monde ; car le monde, à ce point de vue, ne m'offre plus rien qui puisse m'étonner ou me troubler. La certitude où je suis de ton existence l'éclaire d'un jour tout nouveau, dont la clarté dissipe les vains fantômes que j'ai appelés jusqu'ici des noms de nature et de destinée. Je n'ai rien à en redouter ; ils n'ont aucune réalité. L'établissement de la paix universelle parmi les hommes ne me semble plus la fin dernière du monde actuel; pas davantage la fusion de tous les peuples en une seule, en une immense association ; ou bien encore la domination de l'espèce humaine sur la nature inanimée devenue illimitée, ne rencontrant plus d'obstacles. Le monde moral, au milieu duquel s'écoule ma vie intellectuelle, m'apparaît régi par une loi fondamentale qu'on peut formuler ainsi : Il n'est d'amélioration possible pour l'individu qu'au moyen du bon usage que l'individu fait de sa volonté; et de même il n'est encore d'amélioration possible pour une association quelconque qu'au moyen du bon usage que cette association fait de sa volonté à elle, c'est-à-dire des volontés de ceux qui la composent. Il est vrai que les bonnes intentions de l'individu paraissent souvent inutiles et perdues, parce qu'elles sont isolées, parce qu'elles ne sont point secondées par les volontés de plusieurs autres. Mais alors c'est dans le monde invisible que leurs résultats se trouvent être produits. Quant aux vices des hommes, à leurs mauvaises passions, s'ils obtiennent parfois d'heureux résultats, il est à noter que ce n'est jamais en tant que vices, en tant que mauvaises passions. Le mal est par lui-même impuissant à engendrer le bien. Mais les vices et les passions des hommes se trouvent en opposition, se combattent et s'anéantissent par leurs excès réciproques. La peur et la servilité, par exemple, engendrent la violence et l'oppression, qui ne tardent pas, tant leurs excès sont promptement odieux, à étouffer dans tous les cœurs la peur et la servilité : le courage, l'énergie, le sentiment de la dignité humaine se raniment dans chacun; et c'est alors qu'à la suite de ce conflit entre vices contraires, passions ennemies, on voit apparaître, sur les débris de la chaîne de l'esclave et du joug du maître, la plus noble et la plus belle chose qu'il ait été donné aux hommes de concevoir, la liberté.

Si le monde existe, il existe seulement, comme nous l'avons vu, dans l'intelligence des êtres libres, et seulement pour eux; ce qui fait sans doute que tous sont d'accord sur l'idée qu'ils s'en font. Or, cela convenu, il est évident que, si nous tenions à nous exprimer avec une rigoureuse exactitude, peut-être ne devrions-nous pas dire que les êtres libres agissent dans le monde, mais seulement qu'ils agissent les uns sur les autres. Cette sorte d'activité leur est possible, comme nous savons, au moyen de la volonté infinie qui leur sert à tous de lien commun, se manifestant dans l'individu pour réclamer de lui l'accomplissement de tel ou tel devoir déterminé. Cette sorte d'activité est en même temps la seule qui existe, la seule qui puisse produire un résultat. Donc aussi, les résultats funestes que par fois peut avoir cette activité, c'est-à-dire, ce que nous appelons le mal, n'existent de même qu'en conséquence de la loi du devoir. Abrogez cette loi, vous anéantissez le mal. Mais, d'un autre côté, si le mal existe, c'est qu'il est nécessaire : car c'est la loi fondamentale du monde que tout y soit pour le mieux. Aucune chose ne s'y trouve, aucun événement ne s'y manifeste, qui ne serve au perfectionnement intellectuel de l'homme, ou bien à l'accomplissement de sa destinée. C'est ce sublime ordre du monde que nous appelons la nature, quand nous disons : Par le besoin la nature conduit l'homme au travail; à la vie sociale, par le dénuement de la vie sauvage; à la paix perpétuelle, par les souffrances et les périls de longues guerres. Ta volonté, être infini et tout puissant, ta volonté, voilà donc la nature. La simplicité ingénue, qui appelle notre vie terrestre une vie d'épreuve et de passage, une école de la vie éternelle, s'élève donc jusqu'à te comprendre : elle a donc une sorte d'intuition de tes desseins éternels, lorsqu'elle voit, dans les événemens dont se trouve tissue une existence d'homme, les moindres comme les plus importans, autant de moyens que tu emploies pour la conduire au bien; lorsqu'elle croit enfin que tout doit finir par être pour le mieux pour ceux qui connaissent leurs devoirs et savent te comprendre.

Mais alors ma vie passée ne s'est-elle pas écoulée tout entière dans les ténèbres? Je n'ai vécu que d'erreurs, croyant me nourrir du pain de la sagesse. En revanche, à présent, esprit merveilleux, je comprends la doctrine qui dans ta bouche m'avait d'abord si étrangement troublé. Je pénètre dans son essence, je l'embrasse dans son immensité, je la suis dans la multitude de ses conséquences.

L'homme n'est pas né de la terre qu'il foule aux pieds. Pas davantage cette terre ne renferme toute la doctrine de l'homme, les destinées de l'homme. L'homme, par sa destinée, déborde de partout le temps, l'espace, la matière. Il en est de même de la pensée; car il faut bien que la pensée de l'homme soit en rapport avec la sublimité de sa destinée, puisqu'il est nécessaire qu'il sache ce qu'il est dans le présent, de même que ce qu'il deviendra dans l'avenir. Aussi voyez comme de toutes parts, comme en tous sens, en face de sa pensée, s'abattent les bornes de l'univers matériel ! Par la pensée il habite déjà les régions merveilleuses où il a été en essence, où doivent s'accomplir ses destinées définitives. Sa pensée hante tout naturellement dès à présent une hauteur sublime d'où l'univers matériel perdant toute réalité ne lui apparaît plus qu'une sorte de reflet, d'image confuse du monde intelligible.

Beaucoup, sous la seule inspiration d'un cœur vertueux, d'un instinct moral demeuré pur, se trouvent tout naturellement portés dans cette sphère élevée. Il ne leur est besoin pour cela d'aucun effort de la pensée. N'a-t-on pas vu des hommes anéantir bien complètement pour eux la réalité du monde extérieur à force de ne vivre qu'avec leurs propres idées, leurs propres sentimens, à force de ne laisser à ce monde extérieur aucune prise, aucune influence sur ce qu'ils voulaient faire ou penser? Ceux-là, par exemple, étaient bien certainement de ce nombre qui disaient : « Notre patrie est au ciel, non sur la terre où

« nous ne sommes que des étrangers, que des
« voyageurs; » ou bien encore ceux dont la
maxime principale était, que pour vivre de la
vie divine il fallait commencer par mourir au
monde, afin d'être engendré de nouveau.
Les uns et les autres mettaient bien certainement en pratique ce que nous nommons dans
l'école un idéalisme transcendantal.

D'autres hommes se fortifient au contraire
par la réflexion dans leur croyance au monde
matériel. Cette croyance se mêle si bien par
tous les points à leur entendement qu'un
moment arrive où croyance et entendement
se trouvent confondus de manière à ne plus
faire qu'un. C'est en vain que sous l'impulsion d'instincts naturels ils s'efforcent parfois
de s'élever au-dessus du monde de la matière;
au lieu de favoriser leur essor, l'intelligence
les retient, les ramène à terre. Ce perpétuel
effort en sens inverse est toute leur vie. Mais
espérons que la doctrine nouvelle fera tomber
enfin les chaînes qui retiennent en ceux-là

Psyché prisonnière; et, devenue libre alors, l'immortelle, après avoir plané un moment au-dessus de sa demeure terrestre, ne tardera pas sans doute à s'aller perdre à nos yeux au sein du monde sublime qu'il lui est donné d'habiter.

———

Bénie soit donc entre toutes les heures de ma vie celle où pour la première fois je me pris à réfléchir sur moi, sur ma destination. Les questions que je me suis faites alors sont maintenant répondues, mes doutes sont éclaircis. Je sais tout ce qu'il m'est donné de savoir; et de ce qu'il ne m'est pas donné de savoir, je n'ai nulle donnée. Au dedans de moi je ne sens aucun trouble. Une délicieuse harmonie règne dans mon esprit. Une nouvelle existence a commencé pour moi. Je n'embrasse pas, il est vrai, ma destination tout entière. L'ensemble de mes destinées accable par son immensité la faiblesse de mon intelligence; une portion m'en demeure voilée, que celui-là seul, qui m'ayant créé doit accomplir, peut connaître. Je ne puis, moi, qu'en pressentir toute la magnificence. Quant à celle qu'il m'est donné d'accomplir par moi-même, celle-là je puis si bien la connaître, qu'elle est comme une connaissance fondamentale d'où dérive toute connaissance secondaire. A tout instant de ma vie ne sais-je pas, en effet, bien précisément ce que je dois faire? Or, ce que je dois faire, n'est-ce pas la chose dont je doive uniquement m'occuper? N'est-ce pas la seule portion de ma destinée à laquelle il me soit permis de mettre la main? Vouloir aller au-delà serait tout à la fois inutile et imprudent. Le devoir, c'est là le centre et le fondement de ma vie; je dois m'attacher au devoir avec toutes les forces qui m'ont été données; c'est pour ainsi dire le lieu où ma vie terrestre doit pousser toutes ses racines.

Mais si je dois vouloir agrandir sans cesse au moyen de la science ma sphère intellectuelle, il faut que je le fasse dans l'intention d'agrandir aussi, par les mêmes efforts, la sphère du devoir. Je dois vouloir beaucoup acquérir afin qu'il puisse m'être beaucoup demandé. Il faut que j'exerce sans cesse ma force et mon habileté, car l'usage les perfectionne, et ce sont des instrumens que je suis tenu de mettre à la disposition de ma conscience, aussi bien préparés que possible pour l'exécution des choses qu'elle m'ordonne de faire. Je dois vouloir qu'en moi l'humanité atteigne toute sa grandeur; non sans doute à cause de l'humanité par elle-même, chose vile et sans prix, mais je dois le vouloir afin que la vertu, qui seule a de la valeur et du prix, puisse se montrer dans l'humanité sous de grandes proportions, briller de tout son éclat. Mon corps, mon ame, toute mon individualité ne doivent être pour moi qu'autant de moyens qui m'ont été donnés d'accomplir le devoir. Il faut, de plus, que je puisse me rendre à moi-même le témoignage qu'avec ces moyens j'accomplis réellement le devoir, autant qu'il m'est possible de le faire; mais en revanche, à peine le commandement que m'a fait ma conscience est-il sorti des bornes de ma personnalité, à peine s'est-il manifesté extérieurement sous une force quelconque, que je n'ai plus à m'en occuper. Il est tombé dans les mains de l'éternelle volonté.

En prendre alors le moindre souci serait m'infliger un tourment inutile en même temps que montrer de la défiance et de l'incrédulité à l'égard de cette éternelle volonté. Or, ce n'est sûrement pas à moi qu'il appartient de vouloir régir le monde à sa place. Le plan isolé d'un individu à courte vue ne saurait être substitué à des desseins immuables. La voix de ma sagesse faible et bornée ne saurait prévaloir contre la voix de celui en qui se trouve toute sagesse, toute puissance. Tenter de le faire serait vouloir me transporter au-delà de l'ordre actuel du monde, au-delà de tout ordre possible.

Ce n'est pas tout d'ailleurs que d'honorer l'ordre du monde par la foi et la résignation. Il faut de plus que je sache respecter dans chacun de mes actes la liberté des autres êtres mes semblables. Ce que font les autres ne me regarde en rien, en tant qu'ils le font. Je n'ai point à m'occuper de savoir s'ils ont bien réellement agi dans telle circonstance donnée comme il m'aurait paru convenable qu'ils le fissent. La seule chose dont j'aie à m'occuper, la seule tâche qui me soit imposée, c'est de les déterminer à agir comme j'ai la conscience qu'il est bien, qu'il est bon qu'ils agissent. Toutefois notons bien que pour cela, le seul, l'unique moyen qui me soit donné, c'est la persuasion. Dans aucun cas il ne saurait m'appartenir de disposer des autres sans leur consentement. A eux à faire, sous leur propre responsabilité, ce qu'ils veulent faire, ce que je ne puis ni ne dois les empêcher de faire. L'éternelle volonté saura bien ensuite tout essayer pour le mieux; mais quant à moi, c'est toujours en respectant leur liberté, jamais en l'entravant d'aucune façon, bien qu'elle ait parfois de fâcheux résultats; c'est ainsi, dis-je, que je puis obéir.

———

Mes rapports précédens avec le monde extérieur se trouvent de la sorte entièrement changés. Les liens qui, m'attachant à lui, enchaînaient mes mouvemens, sont tous rompus. Je suis libre. Je suis une créature nouvelle; je suis comme un monde; je suis en même temps comme un monde immuable et paisible; car les objets extérieurs, n'existant de ce moment que pour mes yeux, ne peuvent exciter aucun trouble dans mon cœur. En revanche, à travers les erreurs passagères de l'humanité, je saurai contempler les idées éternelles du beau et du bon, comme je sais discerner à travers une onde troublée l'image brillante qu'elle réfléchit.

Les tourmens du doute et de l'incertitude

n'auront plus de prise sur mon esprit. Le repentir, la tristesse, le désir ne m'approcheront plus. Je ne m'inquiéterai plus que d'une seule chose, savoir ce que je dois faire, chose que je puis toujours savoir, mais qui est aussi la seule que je puisse savoir. Dorénavant, loin de m'en tourmenter, je me complairai dans cette ignorance. Aucun événement heureux ou malheureux n'aura plus la puissance de m'émouvoir. Au milieu de l'agitation du monde extérieur, je demeurerai immobile, imperturbable, ne me mettant nullement en peine de savoir ce qui se passe autour de moi, de quoi il s'agit; car je sais qu'il ne m'est pas donné de concevoir les rapports que tout cela peut avoir avec moi. Ne sais-je pas d'ailleurs que rien n'arrive qui ne soit ordonné par rapport au plan général du monde? Or, c'est là la seule chose qui m'importe. Car ce qu'est en lui-même ce plan, ce que sont en elles-mêmes toutes les choses qu'il embrasse, ou but ou moyen, c'est ce qui ne me regarde en rien.

Dans le monde, il n'est aucune chose qui, pour ainsi dire, ne pousse, ne grandisse pour porter les fruits qu'elle a été prédestinée à porter par la sagesse éternelle; mais ce qui dans tout cela est semence, ce qui est fleurs, ce qui est fruit, c'est ce qu'il m'est impossible de discerner.

La culture de la raison, l'observance de la loi morale dans le domaine des êtres intelligens, voilà, quant à moi, la seule chose dont j'aie à m'occuper. Qu'en cela, du reste, je ne sois qu'un instrument, que d'autres au contraire le soient, peu m'importe. Peu importe de même que ce soit par moi ou par tout autre que la chose se fasse. Les événemens extérieurs ne m'apparaîtront plus que sous ce dernier point de vue. Que ce qui arrive soit de mon fait ou du fait de tout autre, que cela concerne moi ou autrui, c'est ce dont je n'ai point à m'enquérir, c'est à quoi je dois demeurer complètement indifférent. Mon sein est pour toujours fermé à tout sentiment personnel. Ma personnalité s'est éteinte, s'est brisée depuis long-temps dans la contemplation de l'ordre général du monde.

La vérité me paraît souvent réduite au silence, souvent la vertu bannie du monde. Souvent il me semble voir en tous lieux le mal triomphant. Les honnêtes gens sont même d'autant plus enclins à voir le monde ainsi qu'ils font des vœux plus ardens pour le bonheur et l'amélioration des hommes ; qu'ils tremblent plus fortement de voir renverser de fond en comble l'œuvre à laquelle ils travaillent de toutes leurs forces. Mais rien de tout cela ne doit m'empêcher de poursuivre ma tâche avec ardeur. En présence d'un tel spectacle je saurai conserver en moi la conviction de l'ordre et des harmonies du monde ; de même qu'en des circonstances contraires je me garderai de me laisser aller à de trop magnifiques espérances qui ne manqueraient pas d'être trompées. S'il arrive donc que dans certaines occasions il me semble voir les lumières, la vertu, la civilisation, la liberté s'étendre rapidement sur le globe, menacer de le couvrir bientôt tout entier, je ne me hâterai pas pour cela de m'affranchir de mes labeurs de tous les jours, pour m'endormir dans les délices d'un repos précoce.

Les événemens en apparence les plus malheureux ne m'apporteront aucun découragement. Je me plairai à voir en eux autant de moyens employés par la sagesse éternelle pour amener un heureux résultat. Je supposerai que ce combat du mal contre le bien sera le dernier qui devra contrister mon cœur; que s'il a été donné au mal d'y paraître entouré de grandes forces, c'est afin que ces forces soient anéanties d'un seul coup; c'est afin que l'impuissance du mal en soit mieux constatée, soit éclairée d'un plus grand jour. Je supposerai d'un autre côté qu'il ne serait nullement impossible que des événemens, qu'au premier aspect je serais porté à juger heureux, favorables, ne recélassent pourtant de funestes conséquences. Je craindrai de ne rencontrer sous l'écorce de la science que de vaines subtilités. Les apparences de la douceur, de l'amour de la paix, me feront redouter de rencontrer derrière, la faiblesse, la mollesse de caractère, le manque d'énergie. Donc enfin, si je ne me réjouis pas dans un cas, je ne m'affligerai pas dans un autre ; car dans tous les deux je n'en croirai pas moins que le monde où je me trouve est celui de la sagesse suprême dont les desseins ne sauraient être à la portée de ma faible intelligence.

Cette croyance ne sera même point ébranlée à l'aspect d'êtres doués de raison, doués de moralité, et pourtant journellement en guerre contre toute raison, toute loi morale; employant à faire triompher le mal et la déraison les forces qui leur ont été données pour un autre usage. Une seule chose pourrait porter atteinte à cette croyance, en même temps qu'exciter mon courroux : ce serait de voir ces êtres dont nous parlons haïr le bien parce qu'il serait le bien, aimer le mal parce qu'il serait le mal. Or, c'est là une sorte de dépravation que je ne saurais attribuer à aucun être ayant visage humain; elle n'appartient pas à la nature humaine. Ce n'est pas, ce ne peut jamais être le bien et le mal en eux-mêmes qui sont les motifs déterminans des actions de ces hommes; c'est l'agréable ou le désagréable. Ces hommes cèdent à certains instincts de la nature. A proprement parler, ce n'est même pas eux qui agissent ainsi, c'est la nature. Je sais qu'étant ce qu'ils sont ils ne sauraient, dans aucun cas, agir en quoi que ce soit différemment qu'ils n'agissent. A quel propos irais-je donc m'irriter contre une inflexible nécessité, engendrée par une nature purement physique? Comment ferais-je à certains hommes un crime irrémissible de ne pas savoir résister à ces impulsions qui leur sont naturelles? Je ne peux leur imputer à crime de n'être pas libres qu'à la condition de supposer qu'ils ont été libres, d'être libres.

Je ne saurais donc trouver, quoi que je fasse, aucun motif d'irritation contre eux. Il ne leur suffit pas d'être ce qu'ils sont pour mériter ma colère; et ce qu'il faudrait qu'ils fussent pour cela, il est certain qu'ils ne le seront jamais. Mon courroux se heurte ainsi de tous côtés au néant. Je dois, à la vérité, me comporter toujours, en toutes circonstances, vis-à-vis eux, comme s'ils étaient dans la réalité, ce que je sais fort bien qu'ils ne sont pas; car le devoir m'ordonne de diriger ma conduite sur de tout autres principes que ma réflexion; peut-être pourra-t-il donc m'arriver de leur montrer parfois, à propos de ce qu'ils auraient dit ou fait, une noble colère, qui n'aurait de sens, de fondement que dans la supposition où ils seraient libres. Mon but en cela sera de les enflammer de ma propre colère contre eux-mêmes. Mais cette colère, en ma qualité d'être doué de raison, je ne saurais l'éprouver moi-même; ou du moins ce serait seulement en moi l'être social qui, à l'aspect des passions et des vices des hommes, ressentirait cette colère; l'être intelligent, l'être de réflexion et de méditation, ne saurait jamais la partager.

La souffrance, la douleur, la maladie m'atteindront sans doute dans ma nature extérieure; mais ils ne sauraient franchir les limites de ma personnalité intellectuelle. Là je suis au-dessus d'elles. Là je puis braver leurs courps les plus cruels. Pour mieux dire, c'est seulement la nature qu'ils atteignent en moi, non pas moi, qui suis un être supérieur à la nature. Au bout de toute douleur, comme la fin de toute douleur, est la mort; et à coup sûr, parmi tous les événemens que les hommes ont appellé malheur, c'est celui qui en est le moins un pour moi. Il est même vrai de dire que je ne meurs pas. Car si je meurs c'est seulement pour ceux qui me survivent, avec qui mes liens terrestres se trouvent tout à coup brisés, mais non pour moi qui dans cette mort trouve une naissance à une vie nouvelle.

Mais déjà, à peine ai-je extirpé de mon cœur tout désir terrestre, à peine ai-je pour ainsi dire cessé d'avoir un cœur pour tout ce qui est périssable et passager, que l'univers commence à se montrer à moi; qu'il est réellement. La mort ou la matière qui remplissait l'espace s'en retire pour faire place aux flots d'intelligence et de vie qui accourent s'y précipiter, c'est-à-dire aux flots de ta vie et de ton intelligence, être infini; car il n'est de vie que ta vie, il n'est d'intelligence que ton intelligence.

L'univers est animé. Il s'en élève une merveilleuse harmonie qui retentit délicieusement jusqu'au fond de mon cœur. Je vis dans tout ce qui m'entoure. Je me retrouve sous les formes variées des êtres qui s'agitent autour de moi, à la façon d'un rayon du soleil qui étincelle dans les milliards de gouttes de rosée où il se brise.

Ton existence, autant du moins qu'il peut être donné à un être fini de la concevoir, ton existence doit être celle d'une volonté éternellement créatrice. Ta vie ne cesse de couler en moi. Ta vie, s'échappant de ton sein comme un torrent, va se reproduire sous des multitudes de formes jusqu'aux confins de l'espace. En moi elle est chair, nerf, muscles; hors de moi, gazon, plante, animaux. Que sais-je? ta vie m'apparaît en tous les points de l'univers, semblable à la force créatrice qui, m'ayant tiré du néant, dirige encore tous les mouvemens que j'exécute. Tous les êtres qui se meuvent dans l'immensité de l'univers, obéissant à son impulsion, cèdent à ses ébanlemens harmoniques.

Ta vie attache les unes aux autres les intelligences individuelles. Elle est leur lien, comme le milieu au moyen duquel elles agissent les unes sur les autres. Elle est dans le monde invisible, comme l'atmosphère où vivent les esprits. Par elle, la pensée avec son activité infinie ne cesse d'aller d'une ame à l'autre; demeurant toujours semblable à elle-même, elle fait que chacun se retrouve et s'aime en tous. Elle fait que ce n'est pas un certain nombre d'hommes qui existe sur la terre, mais l'humanité; elle confond en une même pensée, en un même sentiment d'amour ou de haine, la pensée, l'amour ou la haine de chacun; elle consacre dans le monde invisible, entre les esprits, une alliance qui se manifeste extérieurement ici-bas par l'attrait qui unit les sexes, par les liens qui font les familles. Ne semble-t-il pas en effet, à voir la tendresse mutuelle qui unissent au père et à la mère les enfans, ou bien entre eux les frères, les sœurs, que les ames aussi bien que les corps sont sortis d'un même germe; qu'elles aussi ne sont que des rameaux et les branches d'un même arbre. Or, c'est ainsi qu'au moyen de groupes plus ou moins nombreux, mais se touchant les uns les autres, l'humanité ne fait en définitive qu'un seul tout. Quant à la haine, elle ne saurait exister autrement que née du besoin d'aimer. La haine est un amour trahi.

Cette vie éternelle je la vois circuler pour ainsi dire dans toutes les veines de la nature matérielle ou intellectuelle. Je la vois qui fait des efforts continus pour parvenir à se manifester extérieurement, sous une expression de plus en plus vraie, de moins en moins matérielle. L'univers n'est plus pour moi, comme pour tant d'autres, une masse inerte, une matière morte. Ce n'est pas davantage ce cercle que je voyais venant toujours se fermer au même point; ce jeu inutile, insignifiant, toujours recommencé; ou bien cette hydre aux mille têtes, qui ne cessait de se reproduire et de se dévorer tour à tour. En tout et partout je retrouve dans l'univers la noble empreinte de l'intelligence. Dépouillé de ses enveloppes matérielles, il brille à mes yeux complètement intellectualisé. Je le vois de plus marchant au perfectionnement en ligne driote à travers l'éternité.

Lorsque nous voyons le soleil et les étoiles s'approcher de l'horizon et disparaître à nos yeux, nous savons que la journée du lendemain nous ramènera le soleil et les étoiles. Depuis la création les sphères célestes n'ont point interrompu leurs mouvemens harmoniques. Toutefois, le soleil et les étoiles ne reparaissent jamais absolument tels qu'ils étaient la veille. Chaque journée, chaque heure de la journée, ne s'écoulent qu'avec l'accomplissement d'un progrès nouveau pour le monde. D'heure en heure se répandent sur la terre, semblables aux rosées du matin, des effusions toujours nouvelles d'amour et d'intelligence.

C'est au moment de la mort, c'est dans l'acte même de mourir, que la vie se montre dans ce qu'elle a de plus élevé, de plus sublime. Toute mort est un enfantement. A proprement parler, nul être saurait mourir dans la nature, puisque la nature entière est vivante. La mort ne tue donc pas. La mort n'est autre chose que le développement instantané d'une vie nouvelle, jusque-là cachée dans la vie qui a précédé. La mort ainsi que la naissance sont des progrès de la vie, de nouveaux degrés qu'elle franchit, à chacun desquels elle s'épure de plus en plus, tendant de la sorte à une manifestation d'elle-même qui doit devenir de plus en plus complète. Et comment ma mort serait-elle autre chose? Je ne suis pas seulement une forme passagère d'une vie éphémère: en moi se trouve la vie primitive, réelle, essentielle. Or, la pensée ne saurait admettre que la nature puisse anéantir une vie qui ne vient pas d'elle, que la nature puisse m'anéantir, moi qui ne suis point fait pour elle, tandis que c'est elle, au contraire, qui est faite pour moi. La nature ne saurait même anéantir ma vie terrestre elle-même, cette simple manifestation par où la vie universelle se montre aux regards de l'être fini; elle ne le peut pas, car ce serait s'anéantir elle-même, faite qu'elle est pour moi seul, n'existant, comme elle le fait, qu'à cause de moi. Comment pourrait-elle me faire mourir, elle qui ne saurait me faire vivre? Encore une fois, la mort n'est donc que la manifestation d'une autre vie, jusque-là invisible à nos yeux. Puis, enfin, si depuis la création du monde il n'était mort sur la surface de la terre aucun des êtres doués de raison dont les yeux se sont ouverts à la lumière du soleil, sur quels fondemens reposeraient nos espérances du ciel, notre croyance en la vie éternelle? Le seul but pour lequel on puisse supposer que la nature existe, c'est-à-dire le développement de notre raison et de notre intelligence, serait atteint ici-bas. Le cercle qu'elle doit parcourir serait fermé sur la terre; mais l'acte par lequel la nature anéantit un être libre et intelligent est comme un cachet qu'elle appose sur la période de vie que cet être a déjà parcourue, pour en porter témoignage, pour en accepter la responsabilité, avant de l'introduire dans une vie nouvelle, où elle doit se montrer à lui sous d'autres formes, éclairée d'une tout autre lumière.

Tandis qu'ici-bas nous pleurons un homme, comme nous n'aurions qu'un sujet trop réel de le pleurer s'il était privé pour toujours de la lumière du soleil, s'il allait s'égarant pour l'éternité dans ces immenses solitudes où n'existe pas la conscience de soi-même, s'il s'était enfoncé, pour n'en plus sortir, dans les sombres royaumes du néant, au-dessus de nous d'autres créatures se réjouissent sans doute de la naissance de cet homme à leur monde nouveau pour lui, comme dans celui-ci nous nous réjouissons à la naissance de l'un de nos enfans. Que le jour où je devrai rejoindre cet homme arrive donc bientôt, je laisserai le deuil et la tristesse à la terre que je quitterai, et ce jour, entre tous mes jours, sera le bienvenu de moi.

Et ainsi diminue, s'amoindrit, s'anéantit, pour ainsi dire, à mes yeux le monde extérieur dont je m'étais d'abord émerveillé. L'ordre qu'il revêt pour mes yeux, la vie qui le remplit, la perfectibilité qu'il en laisse entrevoir, ne sont en définitive qu'une sorte de rideau qui me cache un autre monde plus grand, plus magnifique, plus parfait. Mais la croyance saura bien écarter ce rideau : car la croyance veut voir et sait voir des choses qui ne sont contenues ni dans l'espace, ni dans le temps.

FIN.

203

www.ingramcontent.com/pod-product-compliance
Lightning Source LLC
Chambersburg PA
CBHW052136230426
43671CB00009B/1262